CONNAITRE, COMPRENDRE ET AGIR PAR LES TAROTS DE MARSEILLE

Guillaume Ugérin

CONNAITRE, COMPRENDRE ET AGIR PAR LES TAROTS DE MARSEILLE

EDITIONS DE VECCHI S.A.
20, rue de la Trémoille
75008 PARIS

Les cartes illustrées à l'intérieur et sur la couverture proviennent de "l'Ancien Tarot de Marseille", Grimaud — Paris

Imprimé en Italie

REMERCIEMENTS

Aux auteurs des ouvrages sur le Tarot, qui, au travers de leurs méditations et leurs travaux, m'ont transmis la passion de l'étude des Tarots.
A mon éditeur, pour la publication de cet ouvrage.
A mes amis qui m'ont encouragé lors de la rédaction de l'ouvrage. Un remerciement particulier à Fabrice pour son aide technique.
A Grimaud — Paris, pour son aimable autorisation de reproduction des lames majeures de "l'Ancien Tarot de Marseille", édité par Grimaud, Maître-Cartier à Paris depuis 1848. (Edition de 1930 de Paul Marteau).

“Il y a plusieurs façons de regarder les choses.”
“Rien de plus fascinant qu’un homme sachant pourquoi il vit.”
(sur des cartes postales représentant des chats)

“L’univers est non seulement plus étrange que nous l’imaginons, mais il est plus étrange que nous pouvons l’imaginer.”
(Haldane)

“La somme des parties ne constitue pas un tout.”
(Lao-Tseu)

Préface

Hermes Trismégiste "Oser, savoir, vouloir, se taire".

Gilbert Sinoué "Il faut savoir se taire, surtout si l'on sait".

Apparition du Tarot en Europe : Vers 1350, origine juive. (22 lettres Hebraïque)

L'homme a toujours été soucieux de la connaissance. La connaissance l'a souvent servi en contribuant à son progrès et à son développement. Mais, bien plus que ce progrès au service d'une humanité en devenir permanent, c'est sur lui-même que l'homme s'interroge, que son désir de connaissances est le plus volontaire. Les démons "extérieurs" sont en partie vaincus et la nature est relativement domestiquée. Mais les démons "intérieurs" subsistent et la nature propre n'est pas encore cernée.

Quelle que soit l'époque, l'homme garde en lui une part de ce qu'on appelle "l'irrationnel", "l'intangible". La tarologie est cette part, dans la part d'intangible. Lorsqu'il règle son destin biologique, intellectuel, social, professionnel, il ignore parfois la source première de ce destin. Il la devine, la ressent, mais ne la localise pas. L'homme n'est fait que d'intuition et d'inconscient.

Que de fois l'homme n'a t-il pas affirmé que sa vie est un chemin de croix? Ce à quoi il n'a pas toujours pensé, c'est que sa vie était aussi un chemin initiatique. Il faut le lui dire et lui démontrer. Les Arcanes majeurs du Tarot dit de Marseille peuvent aider à la re-connaissance de ce chemin initiatique. Les vingt-deux personnages acteurs intemporels sont en mesure de nous conduire vers notre destinée ou une destinée meilleure qu'on pouvait l'imaginer.

Lorsque vous tirerez les cartes, vous recontrerez des personnages extra-ordinaires. Ils ont, tous, un message, une loi à nous enseigner. Leur point commun à tous est de nous ouvrir une route, de nous éclairer les coins obscurs de notre inconscient. Ils aident à faire la part des choses. De cette manière, ils nous font anticiper le futur en modifiant le présent. Ils sont là aussi, pour nous avertir ou nous encourager comme nous le ferions nous-mêmes à tel ou tel moment de notre vie.

Vous réaliserez au fur et à mesure de vos observations, de vos réflexions, que les personnages bougent, sourient, pensent: certains nous regardent fixement, comme la Justice ou le Diable. Lorsque vous consulterez les lames vous verrez apparaître, jaillir des éléments de votre nature secrète, et l'étude que vous en ferez facilitera la recherche de solutions. Vous trouverez peut-être les explications qui vous manquent.

Les Arcanes majeurs (comme les mineurs), sont une mine de symboles, de références mythologiques, etc.. On vous a déjà suggéré de vous imprégner des symboles, des couleurs. Plus patientes et calmes seront vos observations, plus exactes seront vos réflexions. Rappelez-vous alors les mots du Bateleur ou de l'Hermès Trismégiste (trois fois grand): "Oser, Vouloir, Savoir, se Taire." Se taire, c'est apprendre. Votre interprétation sera non pas le fruit pur et simple de votre imagination, mais la combinaison de votre travail, de votre connaissance alliée à votre esprit de synthèse et votre réserve. Il ne vous faudra jamais rien affirmer! C'est la plus judicieuse manière de rester objectif.

Dites-vous enfin, qu'avec les Tarots, on ne trompe pas... on évolue.
La profondeur ésotérique des Tarots et leur incontestable hermétisme n'autorisent pas à faire croire que l'on trouvera tout dans ce nouveau livre. Il ne veut être qu'une simple contribution à l'ensemble d'un travail séculaire, fait par tous ceux qui ont tenté de donner aux Tarots leurs lettres de noblesse.

Paris, février 1988

Historique

On a donné plusieurs origines au Tarot. Aucune n'est véritablement fondée. Le Tarot semble être le résultat d'une culture internationale dont toutes les formes symboliques y seraient inscrites. Donc, pour commencer, son origine est mystérieuse comme le terme Tarot, lui-même!

Vers 1780, un Français, Court de Gébelin, publie un livre qui s'intitule *Le monde primitif*. Il prétend dans cet ouvrage que le Tarot est d'origine et d'essence égyptiennes. En effet, Ta ro signifie dans cette langue "voie royale": c'est bien ce qu'offre le Tarot! Rappelons tout d'abord la légende qui s'y rapporte. Thot, le maître et inventeur de la magie et de l'écriture, fut le conseiller du grand roi Osiris. Osiris avait un frère, Set, le dieu de la Nuit et des Ténèbres. Thot était également le père d'Isis. Osiris épousa Isis. Mais Set, d'une jalousie maladive, tua Osiris dans un combat épique, et la mort d'Osiris désespéra Isis. Celle-ci se mit en quête de rechercher le corps d'Osiris dans le royaume des morts, aidée en cela par Thot. C'est ainsi que naquit le *Livre de Thot* ou *Livre des morts*. Il serait l'un des rares ouvrages sauvé de la fameuse destruction de la Bibliothèque d'Alexandrie. Il expliquerait de manière symbolique les différentes étapes de l'existence, un cheminement fait de souffrances, d'espoirs, d'équilibre, de sagesse, tout ce qui est inhérent à la nature humaine et ses mystères. Aucune preuve ne peut être fournie pour confirmer les certitudes de Court de Gébelin.

Le Tarot, d'origine persane, tzigane, sarrasine, bohémienne? Ces pistes ne sont guères retenues, car leurs origines seraient trop tardives par rapport à l'utilisation courante des Tarots et leur connaissance en Europe.

Le Tarot, d'origine hindoue? Il est troublant de constater de nombreuses similitudes entre les lames du Tarot et les cartes indiennes. D'autre part, la philosophie mystique de l'Inde cadre assez bien avec le sens initiatique révélé par le Tarot. Pour ne citer qu'un exemple, le plus significatif, le mythe du Karma cher à l'esprit hindou, correspondrait assez à l'Arcane de la Justice (VIII).

D'origine chinoise? Certes! On retrouve dans le mot Tarot, le mot Tao, du Taoïsme, philosophie fondée vers le VIe siècle avant Jésus-Christ, par Lao-Tseu. Là aussi, la philosophie de sagesse proposée par le Tao, suggère à bien des égards celle du Tarot.

De toutes les possibilités, celle de l'origine juive par la cabale semble celle qui retient le plus l'attention. Mais restons prudents et circonspects. On a depuis longtemps (notamment avec Eliphas Lévi), fait le rapprochement entre les vingt-deux Arcanes majeurs et les vingt-deux lettres de l'alphabet hébraïque. Une explication possible serait celle qui consiste à attribuer à Enoch, (l'un des patriaches de la Bible) l'origine d'un enseignement secret et sacré; d'où la reconnaissance dans les tarots de cet enseignement. Le peuple juif continua sa diffusion à travers le monde par la tradition orale, tout au long de son exil, tradition qui aurait été connue vers les XIIe-XIIIe siècles par les Templiers. A la même époque, ceux-ci rapportèrent tant de connaissances du Proche-Orient (grammaire, algèbre, médecine, alchimie, musique, etc.), qu'il n'y a qu'un pas à franchir pour envisager cette éventualité.

Toujours est-il que c'est vers 1325-1350 qu'apparaissent les premiers jeux de cartes en Europe. Ils arrivent en Allemagne, qui à cette époque s'étendait de Hambourg à Trieste sur l'Adriatique et était connue sous le nom de Saint Empire romain germanique. Les cartes sont repérées en grand nombre en Italie. Le XIVe siècle reste, vraisemblablement, le siècle le plus barbare de l'histoire de l'Europe. (Peste, guerre de Cent ans, guerre des guelfes et des gibelins — "supporters" du Pape ou de l'Empereur d'Allemagne, l'Inquisition.) Il est bien évident que cette horreur quotidienne permet la venue dans les croyances populaires du phénomène de l'irrationnel. De plus, la stagnation économique contraste terriblement avec la splendeur des deux siècles précédents qui restent les siècles de gloire de la civilisation occidentale.

On trouve une première trace écrite concernant le Tarot vers 1377. En 1381, dans les archives d'un notable de Marseille, on repère l'existence du jeu en France.

En 1392, le roi Charles VI commande à un maître-cartier trois splendides jeux de cartes. Dix-sept d'entre elles nous sont restées que l'on peut voir à la Bibliothèque nationale. Les images et les couleurs sont encore différentes.

Vers 1430-1450, en Italie, les jeux sont désormais peints à la main. La célèbre famille Visconti-Sforza commande plusieurs de ces jeux. On trouve déjà soixante-quatorze/soixante-dix-huit lames qui composent le jeu entier du Tarot. Au cours des XVIe-XVIIe siècles, l'amélioration des techniques d'imprimerie et de gravure va permettre au Tarot une progression foudroyante à travers l'Europe. C'est à partir de cette époque que le Tarot deviendra dans l'esprit, une émanation culturelle et philosophique spécifiquement européenne, entendons, chrétienne.

En 1516, toujours en Italie, apparaît pour la première fois un jeu qui porte le nom de "Tarocchi", d'où peut-être le mot Tarot.

Jusqu'en 1680, l'iconographie reste essentiellement chrétienne, mais dans l'ensemble le jeu du Tarot perd beaucoup de son intérêt. Les Arcanes mineurs sont utilisés comme simple et ordinaire jeu de cartes. Bien qu'étant accepté dans sa forme par l'ensemble des pays, le jeu du Tarot va subir de nombreuses et inquiétantes transformations.

Heureusement, vers 1760, Nicolas Conver va revenir aux sources du Tarot médiéval, ou du moins s'en inspirera-t-il sérieusement.

La fin du XVIIIe siècle plonge dans un formidable paradoxe qui va être un terrain propice au développement du Tarot. Aux côtés des idées philosophiques nouvelles (Droit, Liberté, Raison, etc.) vont côtoyer les plus mystérieuses ou dangereuses voies de l'occulte ou de l'ésotérisme (Cagliostro, Mesmer et le magnétisme animal, Saint-Germain et la secte diabolique des Illuminés de Bavière).

Nous retrouvons Gébelin et son ouvrage. Gébelin nous éclaire sur un autre point. La prépondérance du chiffre 7, dans le Tarot. En effet, les Arcanes mineurs se présentent sous la forme de séries de quatorze lames (2 fois 7) et les majeurs en séries de trois fois sept (plus l'Arcane du Mat). Cette théorie créera un intérêt non négligeable, notamment auprès d'un disciple de Gébelin, Etteila. Celui-ci propose ses propres commentaires et en quelques années publie une série de cahiers à destination de l'usage des Tarots.

Le Tarot franchit la Manche au début du XIXe siècle. On le voit vers 1810, sous le nom "De Rider". Et un siècle plus tard, Arthur Edward Waite va réactualiser ce Tarot, car il croyait en sa grande valeur symbolique et l'esprit qui le portait.

Le XIXe siècle sera la gloire de l'occultisme et de l'ésotérisme, poussé en cela peut-être par l'idéal romantique. On croit malheureusement tout, à ce moment, du charlatanisme le plus dangeureux, voire mortel, à l'inspiration la plus pure, la plus authentique. L'abbé Alphonse Louis Constant, plus connu sous le pseudonyme d'Eliphas Lévi, va remettre un peu d'ordre dans ces débordements divers. C'est lui qui mettra en lumière la correspondance des vingt-deux Arcanes majeurs et de l'alphabet hébraïque. Plus tard, sous l'impulsion de Gérard d'Encausse, autrement dit de Papus, Stanislas de Guaïta, Saint-Yves d'Alveydre et Oswald Wirth, le Tarot est codifié, amélioré, clarifié. Wirth, notamment dans son "Tarot des imagiers" (très proche du Tarot de Marseille), apporte des notes plus "psychologiques". Dans le même temps, l'Anglais Alistair Crowley va néanmoins créer son propre Tarot. Il est malheureusement trop étrange, trop diabolique, tant il est vrai que la vie de Crowley fut marquée par le mal, la douleur, la négation.

En 1930, le Français, Paul Marteau, relance ce jeu dans notre pays qui portera le nom d'ancien Tarot de Marseille. On le connaît maintenant dans sa forme actuelle, classique. Amateur d'ésotérisme, Paul Marteau consacrera un ouvrage aux Tarots, formulera ses propres commentaires tout en respectant l'esprit médiéval, l'esprit même du Tarot. Comme fit Nicolas Conver en son temps! Ce jeu connaît un grand succès actuellement.

Symbolisme

Nous savons que l'esprit du Tarot est porté vers le symbole. Sans cette idée de départ, il ne peut être question de comprendre quoi que ce soit de ce "jeu", ou bien de découvrir les "secrets" des Arcanes qui y sont gardés.

Il nous faut tout d'abord définir le sens du mot "Symbole". Il vient du latin *Symbolum*, marque, signe; du grec *Sumbolos*, signe, et par extention, "jeter ensemble, réunir".

Cela signifie donc "un signe concret", qui permet de transmettre, sensible ou compréhensif, tout concept intelligible. Le symbole est une valeur d'expression. Il se révèle comme le "médiateur", entre corps et esprit. Il peut devenir multiple, changeant selon ce qu'il incarne. Chacun d'entre nous peut vivre avec ses symboles, sans critères extérieurs obligatoires: c'est-à-dire que ni l'éducation, ni la langue, ni les us et coutumes, ne peuvent systématiquement bouleverser la notion, la vision, la sensation que l'on a de tel ou tel symbole. Ils se retrouvent dans toutes les représentations possibles: les formes, couleurs, mots, gestes, emblèmes, images, nombres, objets, pensées, etc. et se conjuguent pour montrer le caractère universel du symbole. C.G. Jung, disait que le symbole est un ensemble de prototypes, de repères détenus dans l'inconscient. Alors que, par exemple, la grammaire ou la logique fonctionnent sur un système rationnel et sont liées à un sens physique ou littéraire, le symbole fonctionne sur des bases intuitives ou figuratives. Tout symbole et notamment, c'est un exemple encore une fois, tout symbole onirique est une valeur personnelle. Selon l'individu, il prendra une connotation particulière (socio-culturelle ou imaginaire: par exemple, le château, symbole de l'ambition sociale pour l'un, de la petite enfance, du souvenir des contes de fées pour l'autre).

Mircea Eliade émettait l'idée que le symbole était une propriété de la conscience. Ainsi l'homme pouvait se percevoir tel qu'il était réellement.

Mais encore une fois, le symbole n'explique rien. Il est seulement agent de transmission; il renvoie dans ce que l'on pourrait appeler un "ailleurs", quelque chose que l'on ressent, mais que l'on ne saurait décrire de façon convenable.

C'est ainsi que chaque Arcane majeur du Tarot doit se comprendre, parce que la compréhension et l'expression des formes, couleurs, histoire interne propre à chaque lame, renvoient à cet "ailleurs" d'une pensée classique, cartésienne, rationnelle, finie, sans fondement apparent, et consacré. Le propre des symboles dans le Tarot est de rester indéfiniment subjectifs. Seul compte en fait la première rencontre, le premier choc de la pensée personnelle avec toute la figuration de l'Arcane étudié. Le symbole dans le Tarot a pour intérêt de nous reconnaître au travers des grandes valeurs qui nous sont personnelles et, en quelque sorte, de pouvoir agir sur notre destin. Tout ce qui est rationnel consiste à créer un mouvement, créer un moyen qui devient le prétexte d'une forme symbolique. Par exemple, si l'on tire, si l'on étudie l'Arcane de la Tempérance (XIIII), qui signifie "sérénité, harmonie, adaptation à une forme de pensée plus collective", par rapport à l'Arcane précédent (l'Arcane XIII) qui exprimait la destruction d'une pensée ou d'une action plus individuelle et qui devait disparaître, nous sentirons intuitivement ce besoin d'intégration à une forme plus collective de nos actions ou de nos pensées; nous créerons les conditions indispensables pour engager le mouvement nouveau qui s'impose. C'est ainsi que nous regarderons l'image de la Tempérance, le symbolisme des deux cruches ou "urnes d'or et d'argent", des ailes dans le dos. Peut-être nous poserons-nous la question de savoir pourquoi une femme représente l'image de l'Arcane, femme qui incarne la douceur, la raison, la stabilité, image millénaire sans doute, de la femme qui vaincra la mort, car elle enfante, donc perdure l'ordre du monde et des choses. Le symbole a une valeur évocatrice. On y saisira des relations ou des correspondances, que notre raison ne pourra définir.

Car c'est paradoxalement par le symbole que nous commençons notre raisonnement, nos conceptions sur les êtres et les choses. Le symbole est la manifestation de son auteur. Il n'est pas simplement l'expression d'une fantaisie intellectuelle. Si cela était, on trouverait n'importe quoi dans les images des lames du Tarot. On verrait par exemple, un Pendu (XII) porter une couronne impériale sur la tête. Mais comment la couronne tiendrait-elle alors que notre pendu a la tête qui pointe vers le bas? Nous aurions une Impératrice (III), tenant une épée ou le fléau de la balance de la Justice (VIII), mais cela n'est pas du tout son rôle. Encore, une Maison-Dieu (XVI) en construction, alors qu'elle est sur le point d'être détruite par le feu du ciel, les "avertissements du Très-Haut", qui nous demandent d'entrer dans sa maison, avec le cœur pur et des intentions généreuses.

Le symbole permet à chacun de voir ce que sa puissance visuelle et suggestive lui permet de percevoir.

Chemin de Vie ou d'Evolution

Avant : Le Pendu

22/06/08 : L'arcane XIII

Depuis : La Tempérance

Méditations sur les Arcanes et leurs rapports symboliques

Nous donnerons, comme exemple, l'étude sommaire déjà entreprise sur les Arcanes du Diable et de la Maison-Dieu, afin de repérer des analogies philosophiques et alchimiques, dont nous avions intuitivement le sentiment.

La première image fixée par notre inconscient en observant l'Arcane du Diable (XV) a été de constater que le chaudron sur lequel trône le Malin est étrangement identique à une reproduction de 1476, montrant le creuset des alchimistes et évoque les fourneaux utilisés par ceux-ci. A l'intérieur de ce chaudron, il y a de la matière en fusion (qui évoque le feu de l'Enfer). Cette matière est encore informe, non maîtrisée. Au départ, tout est chaos, la matière est énergie et doit se transformer; une transmutation doit s'opérer. Or le Diable exprime la combinaison de cette matière (eau, feu, air et terre) dans laquelle se déroule l'existence de l'homme. L'homme est lié à la matière, donc représente symboliquement les deux diablotins tenus par la même corde qui passe dans l'anneau du chaudron. La matière permet à l'homme d'assouvir ses passions et il n'est pas encore prêt à triompher par l'esprit. Il ne le croira, que lorsqu'il aura maîtrisé et dompté cette matière. En se libérant, il croit se libérer d'un système de pensées, de valeurs, fait n'importe quoi avec n'importe qui.

Cette idée de départ m'est apparue alors, en observant l'Arcane de la Maison-Dieu (XVI). L'homme qui s'est affranchi de la matière, s'est affranchi de la tutelle ou de l'autorité de Dieu. Mais il se trouve que cette matière a été mal traitée par l'homme (c'est vrai que nous ne connaissons rien encore d'elle et que, chaque jour, elle dévoile d'extraordinaires secrets). L'homme s'est à la fois affranchi trop vite de la matière et de l'esprit de cette matière. Et c'est justement là son erreur, car l'esprit de la matière, c'est Dieu lui-même (Créateur du ciel et de la terre). Erreur que ce dernier va rectifier en détruisant symboliquement la tour, et provoquer la chute des hommes. Ceux-ci auront perdu leurs illusions et entendu les "avertissements du Très-Haut". Néanmoins, leur tâche se poursuit dans un but plus universel et plus généreux sur des idéaux de confiance, d'amour, des raisonnements forts différents, ce qui peut être l'objet de l'Arcane suivant, l'Etoile (XVII).

Voici donc un exemple de réflexion symbolique, de méditation possibles sur l'expression du Tarot. Ces observations n'engagent que leur auteur, car vous aurez, sans doute, intuitivement, d'autres réflexions en percevant les formes et les couleurs de manière fort différente. Peu importe! Ce qu'il faut, c'est ne pas hésiter à déterminer une forme symbolique qui sera votre propriété, votre réalité, quelque chose qui doit venir de manière lumineuse à la conscience, objectif ultime de votre initiation.

Philosophie des Tarots

Que propose le Tarot? A quoi sert-il? Anticiper sur l'avenir, connaître, se donner les moyens, progresser. En d'autres termes plus ésotériques "Savoir — Oser — Vouloir — Se taire". Il faut considérer la rencontre avec le Tarot comme essentiellement et naturellement personnelle. C'est une expérience, une histoire, une initiation de nous-mêmes et un voyage. Ici, on entre dans le fabuleux message de Socrate. "Connais-toi, toi-même!"

Le Tarot ne prétend rien, n'affirme rien, tout en sachant nous guider vers ce qu'il faut que nous sachions. Il propose, il invite à cette recherche par l'image, la forme ou la couleur, par l'idée que l'on se fait de tel ou tel Arcane, de certaines parties cachées de nous-mêmes. Répétons-le, tout d'abord étudier son symbolisme. L'interprétation que vous vous en ferez, la traduction que vous vous proposerez, sera votre propre langage et pas nécessairement celui d'un autre, quand bien même le symbole est commun à toutes les formes de pensée admises, ou compatibles avec l'Arcane étudié.

C'est dans cet esprit qu'il faut regarder les Arcanes du Tarot, couleurs, formes, personnages dans telle ou telle attitude.

Au Moyen Age, et même un peu plus tard, circulait un livre d'alchimie, retraçant les différentes étapes de la fabrication, de la composition de la pierre philosophale, de la transmutation des métaux en or. Ce livre s'intitule le *Mutus Liber*. Aussi, doit-on penser, toute proportion gardée, que les vingt-deux Arcanes majeurs (également les mineurs) constituent en quelque sorte un "livre muet". C'est à ce titre que le Tarot apparaît comme un livre d'enseignement pédagogique ésotérique; l'art de conduire sa vie, dans un but particulier, en fonction de certaines règles qui n'ont pas à voir obligatoirement avec des règles ou des comportements sociaux.

L'image est née avant l'écriture et l'image est naturelle. Même les hommes de la préhistoire se sont adressés à nous dans l'espace et le temps en représentant par des formes, souvent abstraites, leurs conditions de vie, leurs espoirs, leurs joies, leurs craintes. Il s'agit maintenant pour nous de bien comprendre et bien recevoir les messages de ces temps immémoriaux.

Images rupestres, culte des morts, sculptures, les hommes de la préhistoire avaient déjà une conscience, une culture, des croyances. Par-delà le temps, c'est un enseignement ésotérique. Le Tarot, c'est une grande image de la vie. Il entre donc dans cette catégorie d'enseignement qui, pour nous profanes, s'exprime d'évidence, d'autant plus que cela reste mystérieux.

Le Tarot a pour mission d'initier: nous sommes tous des initiables en puissance. Initier vient du latin "*Initiare* = commencer, qui a donné le mot *natus* = né, naître". L'initiation est, par conséquent, une seconde naissance ou un noviciat. De l'hermétisme (ou art d'Hermès) se constitue la révélation par laquelle se prépare le passage d'un état à un autre, franchissement d'un seuil, qui sert de re-commencement, de retour, de point de départ.

La tradition hermétique nous provient de l'art d'Hermès ou de Thot-Hermès, ou de l'Hermès Trismégiste (dit "trois fois grand").

Parler de tradition hermétique, c'est déterminer une pensée, pérennité d'un savoir de type initiatique et qui se transmet.

Cette tradition hermétique est condensée dans la fameuse *Table d'Emeraude (Tabula Smaragdina)* qui partage avec la tradition chrétienne de nombreuses aspirations et bon nombre de symboles. C'est l'esprit en même temps que la constante du Tarot. Partager avec d'autres traditions les aspirations majeures, afin de s'enrichir et de progresser. Nous nous rendons bien compte désormais, que le Tarot n'a rien à voir avec un jeu de cartes ordinaires. De plus, une mauvaise manipulation de celles-ci entraîne une démagnétisation, un dérèglement de leurs fonctions propres, donc suppose, au préalable, une connaissance spécifique d'un monde, d'un environnement intellectuel et spirituel définis.

La connaissance et l'assimilation du Tarot, ne peuvent se produire que dans un état de la conscience, capable de faire la synthèse.

Le plus célèbre des rationalistes, René Descartes lui-même, croyait en l'irrationnel et avait écrit sur le Tarot. C'est un enseignement majeur du Tarot et, en même temps, sa plus grande récompense. Descartes recommandait tout simplement d'admettre ce qui nous paraissait manifeste et clair, et je résume ici sa pensée. Ceci corrobore ce qui s'est dit précédemment, à savoir que la révélation est une forme d'esprit parfaitement personnelle. Quant à Eliphas Lévi et ceci serviva de conclusion au chapitre, il disait des Tarots que c'était peut-être ce que l'esprit humain avait jamais pensé de plus simple et de plus grand. (Je résume là aussi sa pensée).

Si le Tarot sait tout, nous n'aurons jamais réponse à tout. Ceux qui prétendent avoir réponse à tout, choquent par leurs certitudes qui ne sont, en fait, que des ignorances sur le sujet. Le Tarot s'étudie avec discernement; ce n'est pas la naïveté qui consacrera un art sacré, mais plutôt, à l'image de l'Hermite (VIIII), un travail solitaire, patient, pénible, où seul le temps, la foi, l'honnêteté, finissent par faire triompher certains aspects d'une vérité.

Rapports de l'astrologie et du Tarot

On connaît l'astrologie depuis les Chaldéens, il y a environ 4 500 ans. Cette science, car c'était une science, était divisée en astronomie — étude des temps sidéraux, ainsi que leurs mouvements — et astromancie, art de prédire l'avenir.

Nous ne voudrions pas intervenir dans un domaine dont nous ne sommes pas spécialistes, toutefois, puisque nous pensons qu'il y a des rapports possibles entre l'astrologie et le Tarot, nous prendrons la liberté d'évoquer l'astrologie comme point de comparaison idéal tout en le délimitant.

Les signes de l'astrologie (signes astraux et leur nomenclature: le zodiaque) procèdent par analogies et, à ce titre, font partie d'un système hermétiste. Ce système permet des classifications diverses (genres, états d'esprit, vocations, dons physiques ou intellectuels, etc.). L'astrologie détermine une influence sur l'homme par les étoiles. Cela permet à certains de revendiquer haut et fort l'appartenance de l'astrologie à une science. Elle sait désormais utiliser les moyens modernes (technique de l'informatique, par exemple) pour démontrer son bien-fondé. Le Tarot voudrait suivre la même voie. Il utilise, par exemple pour se faire comprendre, le nombre dont le caractère sacré, mystique, fait de celui-ci à la fois une science mathématique provenant de la raison, de la logique et de la philosophie. Le Tarot utilise également dans ses explications symboliques, des signes ou expressions graphiques originaires de l'alchimie ou de la chimie moderne (croix, triangles...), un ensemble de graphismes symboliques que l'on trouve à la base de la détermination et de la construction d'un thème astral.

Il existe dans la ligne des Arcanes majeurs, trois lames dites "astrologiques": il s'agit de la Lune, du Soleil et de l'Etoile.

La Lune est gouvernée par le signe du Cancer. Effectivement, lorsque l'on regarde attentivement l'Arcane XVIII (celui de la Lune), on distingue un crabe ou une écrevisse dans l'étang. L'étrange animal semble soit se reposer, soit attendre son heure pour sortir de son trou, aller sur la terre ferme. Cette écrevisse représente le caractère cancérien, personnage, individu, indécis, hésitant, doutant, à la gestation difficile, longue, douloureuse, aux interrogations multiples. Mais la Lune représente aussi la nuit, le monde de la nuit: cette notion appelle l'idée cancérienne de création, l'impact évident du monde de l'imaginaire et des rêves sur une telle nature. Tout à fait ce que révèle l'Arcane du Tarot.

Le Soleil (Arcane XVIIII) est le symbole de la chaleur, de la lumière, de la vitalité, de la vie. Le Soleil est l'élément unificateur, de convergence, de symbiose, par opposition à la Lune qui est dualiste.

Le Soleil, qui donne la force et la vitalité, représente aussi l'instinct primaire, véhément, l'instinct de destruction: le feu du Soleil ne peut être régulé! Il s'impose alors comme l'élément négatif ou malfaisant. L'Arcane de la Force (XI) exprime bien cette idée d'énergie, de vitalité, mais également de maîtrise des instincts primaires. C'est l'évocation du combat d'Hercule face au lion de Némée, lorsque Hercule, ne disposant plus que de son esprit et de sa force personnelle sans aucun autre recours que la ruse, finit par abattre ce lion terrifiant. Il faut comprendre qu'il s'agit d'une force spirituelle qui combat la brutalité.

Dernier exemple: regardons ensemble le signe de la Balance. C'est un signe d'air. On le présente parfois, notamment en alchimie, par un triangle accompagné d'une croix à sa base. C'est avec le vent que le feu peut entrer en action. Le feu donne la vitalité aux êtres pour se mettre en mouvement. Cette énergie vitale dort aussi longtemps qu'elle n'a pas été mise en puissance. C'est une puissance extraordinaire, qui a besoin de discipline et de réflexion pour évoluer. Ce symbolisme s'applique dans le zodiaque, aux signes d'équinoxes. Le printemps pour le Bélier, l'automne pour la Balance. En automne, le jour est pratiquement égal à la nuit. L'ordre de la nature est total, équilibré, stabilisé. C'est le calme et la maturité de la nature. Regardez, comme en automne, la forêt est belle. La nature donne le sentiment d'avoir parfait sa création par les couleurs des arbres, des feuilles. Le ciel n'est ni trop chaud et bleu azur, ni trop gris et sinistre comme en hiver. A ce moment, la nature est tenue de modérer ses efforts, pour éviter la rupture ou le désordre. A la modération de l'automne, correspond l'enthousiasme du printemps, pour que l'œuvre de la nature soit durable et pondérée. Equilibre, discipline, puissance, direction réfléchie, c'est tout le sens qu'il faut y voir dans l'Arcane de la Justice (VIII) qui se rapporte à cet instant à la Balance. La rigueur automnale, la nécessité vitale d'assurer l'équilibre, comme les plateaux d'une balance, en cette période d'équinoxe, l'adaptation aux circonstances, le sens pratique, c'est aussi l'objet de certaines valeurs dévolues au signe de la Balance.

Ces exemples pour faire remarquer, en définitive, sans toutefois ne rien prouver systématiquement, que l'astrologie peut avoir recours aux Tarots pour renforcer ses connaissances, ajouter un particularisme à son enseignement. De son côté, le Tarot peut parfaitement utiliser les services et la compétence de l'astrologie pour démontrer sa faculté d'intégration à l'ordre de l'univers, et démontrer ses ressources d'adaptation à cet ordre.

L'ordre dans les Arcanes

L'ordre et la position de chaque Arcane ne sont pas le fait du hasard. Ils procèdent d'une réflexion exceptionnelle dans sa logique et la qualité de ses explications. L'ordre des Arcanes, c'est l'ordre des choses naturelles. C'est la description d'un mouvement universel, mystérieux, irréversible, propre à l'homme. De tout temps, il en fut ainsi, et cela démontrerait par la seule intuition et un profond et réel sentiment de la vie, que le Tarot plonge ses origines dans la nuit des temps. Mais si le Tarot est relativement récent, ceux qui l'ont conçu proviennent alors d'une "supra-humanité", et ont une connaissance des hommes qui relègue nos propres certitudes au rang de gargouillis de nourrisson.

Le Tarot raconte l'histoire d'une humanité, comme un conte de fées mais surtout, comme un conte de gloire. Le Tarot est la dédicace des efforts d'une humanité souffrante, tourmentée sur elle-même, mais besogneuse, qui cherche à comprendre pourquoi? Comment? Quand? Où?

Le Tarot est une méthode d'initiation. "Vouloir — Savoir — Oser — Se Taire" sont les conditions qui nous déterminent au commencement de notre grand départ dans l'initiation de la vie et de ses mystères. Eternel retour (I). Cachée quelque part en nous, la connaissance (II) est le but primordial à atteindre. Par le sceptre, l'objet du droit, de la puissance, de l'intelligence et de l'autorité (III), nous ne cesserons d'accéder à cette connaissance. La foi, la puissance et l'énergie dans nos actions (IIII), soutenues par la protection et l'autorité des puissances célestes qui nous guident (V) vers la réalisation, nous construisons notre conscience et nous évoluons vers l'harmonie.

La preuve de cette harmonie qui passe par la conquête de la vie, ses ambiguïtés, ses douleurs, ses choix, au-delà des croyances, des dogmes et des cheminements intérieurs, annonce un message essentiel: l'Amour, avec tout ce que cela comporte de défis et d'embûches (VI). Mais l'amour finit par triompher, nous inspirant succès, responsabilité, victoire, progrès (VII). Cette "voie royale" nous purge, nous libère des sentiments et des contraintes, nous débarasse de nos fautes et de nos égarements. Elle nous conduit vers l'équité, l'équilibre, la justice (VIII). Mais la véritable connaissance (celle de nous-mêmes) est hermétique. Celui qui continue et persévère est souvent solitaire (VIIII). L'éclairage de notre route n'est pas immédiat et passe par des moments d'obscurité et de doutes. Un jour tout peut changer. C'est alors qu'apparaît Fortuna (X), et sa trinité alchimique agissante, en involution (descente), transformation de l'alchimie intérieure, puis évolution. Cette trinité est identique à toute autre forme comme celle du Père, du Fils, du Saint-Esprit. (Trois régne partout dans l'univers.)

C'est à nous, et à nous seuls, de faire tourner la roue dans le bon sens. Il advient que la Force (XI), c'est-à-dire, notre vitalité, nos efforts, la maîtrise de nous-mêmes, de nos instincts, révèle notre être intérieur et se structure. Elle repousse notre barbarie originelle. Il peut advenir aussi que notre initiation n'ait pas abouti, que la contemplation de nous-mêmes tienne lieu de déchirure, d'expiation, de sacrifice, de résignation. Sacrifice aux mauvais sentiments, à la mauvaise veille, aux appels trompeurs. Alors, il faut s'oublier soi-même (XII). Quoiqu'il advienne, nous nous transformons (XIII). C'est la loi des lois. Mourir, puis renaître. Ce qui existe sera transformé, transmuté. La loi de transformation se dit aussi loi de séparation. Le temps de l'alchimie intérieure bouleverse et communique en permanence dans tous les êtres, toutes les molécules vivantes, ces molécules, qui sont aussi nos âmes. Elles nous reviennent glorifiées. C'est le temps de la Tempérance (XIIII). C'est la re-naissance du souffle initiateur; c'est le temps de l'échange, de l'espérance universelle. C'est aussi le temps des nouveaux combats, des attachements nouveaux, des exigences du corps et de l'esprit portés vers le collectif plus que l'individuel. L'homme initié sait alors reconnaître le Bien du Mal. Il est tout à la fois action et satisfaction; satisfaction qu'il faudra payer fort cher, si l'on est imprudent (XV). Méfions-nous des illusions, de notre orgueil qui mènent à la destruction (XVI).

Mais à chaque fin, il y a recommencement. Telle l'Etoile (XVII) qui annonça un jour aux hommes la venue d'un sauveur; notre grande aventure continue. Dépouillés des sentiments de gloire et de désir, nous aspirons désormais à la bonté, la confiance. Nous croyons en notre destinée. Nous regardons vers des mondes différents:

— celui de la nuit (XVIII), obscur, dangereux, incertain;
— celui du jour, lorsque l'Etoile est devenue cet astre chaud et rayonnant (XVII): nous avons choisi une fois encore. Car le jour (la clarté, la chaleur, le bonheur) a vaincu la nuit (la crainte, la douleur, la faute). Nous avons construit notre cathédrale. Alors, le Jugement peut être prononcé, les sentences entendues (XX). Les mystères nous seront révélés. Nous serons l'identité du Monde (XXI), car nous sommes à la fois père et mère, fils et fille de l'humanité éternelle, union sacrée de la vie et du mouvement. Lorsque cette destinée sera accomplie, nous entreprendrons un autre voyage (le Mat), emportant dans notre besace notre nouvel habit terrestre, recherchant inlassablement les voies de la sagesse et de la vérité.

La divination

Nous arrivons à la dernière partie de notre exposé, consacrée à la divination. Comment et dans quel état d'esprit peut-on consulter les lames du Tarot, comment peut-on les interpréter, quels sont nos moyens? La divination peut avoir deux sens possibles: "interprétation" et "savoir".

• *Interprétation* = pouvoir de transmettre une connaissance de symboles ou d'informations de manière subjective et objective, en laissant libre cours au consultant, aux analogies issues de ses propres inspirations. Cela nécessite un travail et un effort commun de l'interprète et de son consultant.

• *Savoir* = faculté de transmettre soit un enseignement, soit une vérité, issus d'un pouvoir inné. Il ne s'agit pas d'un travail spécifique, mais de l'existence d'une "force magique", celle de la perception par les sens.

L'emploi du Tarot a donc pour but de révéler, par l'inconscient, les "réalités intérieures" d'une personne qui soit les cache volontairement, soit les ignore. Ces "réalités intérieures" sont renvoyées par l'inconscient sous formes d'images, de couleurs, etc. et permettent ainsi de mieux déceler sa personnalité, ses aptitudes, sa position intellectuelle ou morale face à telle ou telle circonstance. C'est la raison pour laquelle, le tirage des lames du Tarot doit se faire dans des conditions préalables bien particulières: concentration, rituel de préparation mentale et physique, respect des réponses obtenues, etc.

S'il existe des dizaines de méthodes de tirage possibles (tirage en croix, de l'Empereur, du Miroir, du Gitan, du fer à cheval, des douze ou quatorze lames, etc.), la méthode que vous aurez choisie soit par facilité d'adaptation aux tirages, soit par simple intuition, sera la bonne, la meilleure.

Le Tarot sait répondre à tout. Lorsque l'on pose une question, il est essentiel de se trouver dans les meilleures dispositions à son égard. Le pouvoir "magique" que diffusent les Arcanes peut être comparé à des ondes. Elles s'acheminent doucement au subconscient et à l'inconscient, enfin au conscient qui doit les réceptionner avec qualité, c'est-à-dire accepter les réponses obtenues. Le lecteur trouvera dans le chapitre consacré au tirage des lames, à leurs significations et à l'en-

droit où elles apparaissent, un certain nombre de suggestions sur la préparation tant mentale que physique ou pratique; par conséquent nous ne les décrirons pas maintenant.
Le consultant doit faire apparaître des questions claires, courtes, précises, fournir les explications ou déterminer les circonstances dans lesquelles se déroulent son interrogation.
Par exemple “Vais-je réussir mon examen? Vais-je acheter une nouvelle maison? Dois-je accepter la promotion qui m’est offerte ? Etc.).
Face à lui, l’interprète (médium, cartomancien) a pour tâche de lui décrire les Arcanes, lui faire comprendre leur sens, la position des lames tirées et leurs significations. Il doit les commenter sans aucun préjugé. L’interprète se doit d’être le fil conducteur d’une situation précise qui n’existe nulle part ailleurs que devant lui.
Celui ou celle qui affirme de façon péremptoire ou absolue, ne connaît pas l’esprit du Tarot, ni sa puissance.
Le bon interprète doit accompagner son consultant sur le chemin de sa propre révélation. L’énergie contenue à l’intérieur des lames du Tarot peut devenir dangereuse, si l’on ne fait que “jouer” avec les lames. Le Tarot ne répondra plus. Par conséquent il ne faut jamais tirer les Tarots par oisiveté. Il faut avoir un esprit libre, libéré des tracas du moment et être concentré.
Tout comme l’astrologue qui dira “Les astres inclinent, mais ne déterminent pas”, il en est de même pour l’esprit des Tarots. Dans un tirage simple, par exemple le tirage en croix, il y a quatre lames plus une cinquième, dite de synthèse. La quatrième lame, celle de jugement, est une lame qui donne une réponse définitive... pour un certain temps seulement! En effet, il serait injuste de contrarier les efforts, les espoirs d’une personne qui, à la question posée, aurait obtenu soit l’Arcane sans Nom soit la Maison-Dieu, et lui refuser l’espoir auquel elle s’accroche, simplement parce que les images des Arcanes cités ne sont guères rassurantes.
Consulter le Tarot (on ne fait pas ici de catastrophisme!) est un acte grave, car c’est souvent connaître l’inconnaissable à l’échelle humaine. On ne doit jamais prédire la mort (la mort n’existe pas; elle correspond en ésotérisme à un passage et reste une valeur de symbole). Il ne faut jamais évoquer brutalement de tragédies, ni de catastrophes, car l’interprète ne sait jamais au départ dans quel “état mental” se trouve son consultant. C’est donc une erreur grave de prétendre, que sur un tirage, on a une situation définitive en réponse à une question posée. Il faut savoir avertir.
Le Tarot est l’image universelle de l’homme. Nous ne sommes pas cette universalité, mais seulement une infime partie d’elle.
Rien n’est immuable dans ce monde, excepté, pour ceux qui l’acceptent la volonté de Dieu.

Les Arcanes majeurs

Le lecteur trouvera dans ce premier chapitre, quelques généralités sur les Arcanes majeurs du Tarot dit de "Marseille". Elles seront commentées à l'aide de références symboliques, analogiques et mythologiques sur les personnages, leurs formes, les couleurs de leurs vêtements, leurs actions, etc. Un certain nombre d'éléments délivrés ici, sont issus de la Tradition, d'autres constituent des impressions personnelles ressenties, travaillées au cours de l'étude et de la rédaction de ce chapitre.

A la fin des commentaires d'ensemble, le lecteur se verra suggérer ce que l'on appelle généralement des "correspondances".

Elles sont de quatre types. Tout d'abord les correspondances mythologiques, celles qui sont en fonction des références historiques attachées de façon plus ou moins évidente à l'Arcane, et celles personnelles, qui nous ont rappelé l'Arcane étudié. Ces analogies ne sont pas systématiques. Fort de ce que vient de lire et d'apprendre le lecteur, il pourra les admettre, ou les réfuter. Ensuite, nous proposons, sur le même principe, les correspondances zodiacales avec des admissions toujours reconnues traditionnellement, et celles que nous soumettons.

Sur le modèle de la correspondance "astrologie médicale", nous proposons au lecteur des "analogies avec le corps" qui, nous l'espérons, compléteront les données existantes et apporteront un regard supplémentaire à l'étude vaste qu'offrent les Arcanes majeurs. Enfin, le dernier type de correspondances, baptisé "moment de vie" ou "rotation du temps", ne sont en fait que des inspirations personnelles sur l'heure, l'époque de l'année, l'état d'esprit, qui peuvent influencer au mieux une méditation sur l'Arcane en question. C'est, en tout cas, la méthode que nous avons utilisée lors de l'élaboration de cette correspondance.

Avec les Tarots, rien n'est défini fondamentalement. Rien n'est à remettre en cause fondamentalement. La liberté d'expression, la liberté d'interprétation, la patience, la foi, constituent les meilleurs garants pour la découverte de la richesse des lames, et ouvrent davantage le champ de la réflexion et de la connaissance.

LE BATELEUR

C'est le premier Arcane du Tarot et il porte symboliquement le chiffre I, premier dans l'ordre des chiffres et nombre premier.

Il représente un être jeune, souriant, sympathique, visiblement bien équilibré, dynamique et alerte. Il tient dans sa main gauche une baguette qui nous fait penser à quelqu'un d'adroit. Devant, une table avec divers objets (sac, couteaux, gobelets, dés), symboles de la matière à sa disposition, qu'il va façonner. Il porte un chapeau (appelé lemniscate) ayant la forme d'un 8 horizontal, correspondance en mathématique de l'infini, donc par analogie du Temps.

Le corps du personnage face à nous incarne l'appréhension du monde, sa capacité de vivre pleinement, avec intelligence. Le Bateleur est ainsi la figure de la (re-)naissance, de la génération des idées et des mouvements. Un tel être porte en lui les éléments de la réussite, de l'action, de l'habileté sur tous les plans. Tout lui est possible, permis, que ce soit sur les plans physique ou psychique.

Les lois du Bateleur sont celles de la volonté, de l'activité et de la spontanéité.

Il faut, avec le Bateleur, "Oser — Vouloir — Savoir — Se Taire", car tels sont ses quatre principes de base, source de vie.

Le Bateleur est encore capable de garder ses facultés de concentration et de prolonger ses efforts longtemps. Il sait manipuler les situations à son profit.

■ Ses correspondances mythologiques sont: le dieu Mercure, l'Hermès Trismégiste.

■ Ses correspondances zodiacales sont: Mars ou l'influence de Mercure, le signe du Bélier.

■ Son analogie avec le corps humain: les jambes.

■ Son moment de la journée (ou rotation du temps): la nuit, les éléments secs et froids.

LA PAPESSE

C'est le deuxième Arcane du Tarot et il porte symboliquement le chiffre II (2), origine du système binaire, celui qui à la fois associe et oppose.
Nous voyons une femme apparemment assise. On pourrait la croire sans âge, parce que son visage nous apparaît beau, détendu, confiant. Sa robe bleue et rouge couvre tout son corps à l'exception de ses mains qui tiennent un livre ouvert. Elle ne lit, ni ne regarde ce livre. Ses yeux se portent au loin, vers un horizon que l'on ne voit pas. Ses yeux sont le symbole de l'avenir, de la vision de l'avenir. Sa tête est protégée par une tiare et, derrière elle, est accroché un voile ou un drap: pensons au voile sur la porte d'entrée du temple de Salomon qui se déchira lors de la mort du Christ...
La Papesse incarne donc toutes nos forces cachées que, seules, l'intuition ou notre clairvoyance sont en mesure de ressentir, de deviner. Elle représente la source inconsciente de notre état conscient futur. Elle est celle qui initiera le Bateleur (I) au monde ésotérique inconnaissable au profane, soumis à trois dimensions et à des visions plus matérialistes ou palpables. Elle enseigne l'art de mieux s'écouter soi-même, c'est-à-dire, mieux méditer sur nous-mêmes. Pour cela, nous devons utiliser la sagesse, l'intuition et l'inspiration, car telles sont ses lois. Son jugement est profond. Elle vit et agit en silence, avec foi et philosophie. Elle est presque à elle seule l'art de la pensée. Elle pose les grandes questions de l'humanité. D'où viens-je? Qui suis-je? Où vais-je?

La Papesse nous invite à suivre les avertissements de nos instincts. S'écouter soi-même c'est aussi, curieusement, être à l'écoute des autres.

■ Ses correspondances mythologiques sont: la déesse égyptienne Isis, le voile du temple de Salomon, les colonnes du Temple, Cassiopée.

■ Ses correspondances zodiacales sont: Neptune, le signe du Verseau.

■ Son analogie avec le corps: l'acuité visuelle ainsi que les méninges.

■ Son moment de la journée (ou rotation du temps): l'aurore ou le matin de la nature irisée, le mois de février.

L'IMPERATRICE

C'est le troisième Arcane du Tarot et il porte symboliquement le chiffre III (3), qui, selon la Tradition, règne sur l'univers.

L'Impératrice est une femme digne, au regard tourné vers la droite (pour nous qui regardons). Le visage reste un peu grave mais foncièrement bon et, en le regardant bien, il est rassurant, peut-être lumineux. Elle est assise sur un trône très large. Elle tient un sceptre dans sa main gauche, sceptre lui-même posé sur son épaule. De l'autre main, un bouclier représentant un aigle.

La tête de l'Impératrice est couronnée. Elle porte un collier jaune or. Elle donne le sentiment d'une certaine passivité, sinon d'attente calme. C'est une femme qui semble bien dominer ses émotions. Elle ne fait apparaître en tout cas ni sensibilité ni fébrilité, comme si elle attendait un résultat, ou les conséquences d'une situation dont elle a déjà une idée. Cette attitude attentiste témoigne d'une capacité d'intégration à un état de fait que son intelligence pure et froide saura interpréter, discerner et adapter. L'Impératrice nous enseigne ainsi l'art de la prise de conscience: faire passer les choses et les états de l'intuition à la conscience. Cet être, apuré de complexités affectives, nous enseigne comment prendre les décisions justes ou équitables.

L'Impératrice est quelqu'un qui conçoit ou qui crée les états ou les choses intellectuellement, après avoir recueilli et digéré les informations. Elle fait en sorte que son idéal s'impose par son honnêteté intellectuelle, sa lucidité et surtout, pourrait-on dire, son refus de la superficialité.

■ Ses correspondances mythologiques sont: Thémis, Minerve, la Sainte Vierge Marie des Chrétiens.

■ Ses correspondances zodiacales sont placées sous l'influence de Mercure, le signe du Taureau.

■ Son analogie avec le corps: le cerveau.

■ Son moment de la journée (ou rotation du temps): le vendredi, la Fête des Mères.

L'EMPEREUR

C'est le quatrième Arcane du Tarot et il porte symboliquement le chiffre IIII[1] (4) c'est-à-dire 3 + 1, l'unité et le carré, source de l'équilibre, mais aussi de la puissance.

L'Empereur adossé à son trône est incontestablement un être qui, sur le plan physique, est fort, bien bâti, massif, puissant. Son visage est celui d'un homme dans la force de l'âge. Le regard est soutenu (il regarde droit devant lui, les yeux grands ouverts et fixes). Il porte une barbe blanche, symbole de la puissance des sages et des chefs (les boyards russes par exemple). Il tient dans sa main droite le sceptre. Ce sceptre lui a été transmis par l'Impératrice qui le tenait dans sa main gauche. Lui aussi est coiffé d'un casque, ce qui signifie qu'il ne reçoit aucune pression extérieure. Enfin, sa main gauche maintient une ceinture jaune. Son coude gauche affiche une attitude reposée et assurée. L'Empereur est surnommé Prince du Monde. Sa posture confirme son comportement. L'Empereur incarne l'équilibre, l'ordre, les réalités concrètes et temporelles. L'Empereur construit et dirige. Pour lui, les exigences matérielles s'imposent comme une évidence. Il est résolument tourné vers l'avenir. Il poursuit objectivement ses buts et ne laisse rien au hasard. Le gâchis ou la perte de temps, l'absence de pragmatisme lui sont inconcevables. L'Empereur est celui qui représente les lois et qui a le pouvoir de faire appliquer les lois. Son *credo* est la rigueur.

■ Ses correspondances mythologiques sont: Atlas, Hercule, La Grande Ourse, où se trouvent, d'après la Tradition, les instructeurs.

■ Ses correspondances zodiacales sont: Jupiter, le signe du Taureau.

■ Son analogie avec le corps: les membres supérieurs et inférieurs.

■ Son moment de la journée (ou rotation du temps): le mois d'avril.

[1] En parcourant certaines lames le lecteur néophyte pourra s'étonner de découvrir une numérotation qui n'est pas classique, mais qui souligne la progression sur le chemin initiatique du Tarot:
— IIII (trois plus un) et non IV (un retranché de cinq);
— VIIII (cinq plus quatre) et non IX (un retranché de dix);
— XIIII (dix plus quatre) et non XIV (un retranché de quinze);
— XVIIII (quinze plus quatre) et non XIX (un retranché de vingt).
Cette numérotation est traditionnelle pour le Tarot, et comporte en soi la notion essentielle d'addition et de progression.

LE PAPE

C'est le cinquième Arcane du Tarot et il porte symboliquement le chiffre V (5), chiffre de l'homme, (liaison entre Dieu et l'univers).
Le Pape a l'aspect d'un vieil homme sage et bienveillant. Il tient dans sa main gauche la crosse des évêques de l'Eglise et incarne le pouvoir temporel de Dieu sur la Terre. Il bénit de l'autre main le monde dont on voit une représentation par les mains jointes d'un communiant (en bas sur la droite). Derrière le Pape, deux colonnades de couleur bleue symbolisent l'acte de foi actif, aspiration à la révélation divine. La colonne de gauche symbolise la prière, c'est-à-dire l'élévation de notre demande vers le ciel, en direction du créateur qui est compréhension et indulgence. La colonne de droite représente alors la grâce, c'est-à-dire la miséricorde divine qui retombe sur nous: le souffle, l'âme, l'esprit du Dieu est en nous. C'est ainsi que le Pape est l'identité physique, mais aussi verbale et morale de Dieu dont l'autorité n'est pas à contester. Il personnifie non seulement la protection, l'inspiration, la foi éclairées, mais encore l'enseignement primordial, suprême. Le Verbe s'est fait chair. La parole bénite du Pape (ses conseils judicieux, son autorité morale) est une fonction du salut éternel qui reçoit le flamboiement mental qu'il est en droit d'attendre. La barbe blanche du Pape incarne, tout comme chez l'Empereur, la puissance des Sages ou Anciens. Cependant ce verbe qui est diffusé avec générosité peut, s'il est mal perçu ou interprété, se révéler contradictoire.

Le Pape nous montre ainsi les conséquences fâcheuses possibles de ne pas sentir ou de ne pas lutter contre ses propres contradictions. On ne parvient pas dès lors à la pureté, à la spiritualité, au devoir de conscience que l'on se propose d'animer pour soi, ou pour les autres. A la fois synthèse, protection et émancipation, le Pape reste aussi la figure de la prudence, de la soumission et de la respectabilité.

■ Ses correspondances mythologiques sont: Moïse, la Table de Lois, la bénédiction papale *Urbi et orbi*.

■ Ses correspondances zodiacales sont placées sous le règne de Jupiter.

■ Son analogie avec le corps: les doigts de la main, les battements du cœur.

■ Son moment de la journée (ou rotation du temps): midi.

L'AMOUREUX

C'est le sixième Arcane du Tarot et porte symboliquement le chiffre VI (6), c'est-à-dire 2 × 3, qui se rapporte à l'emblème de Salomon d'après la Tradition. Le six représente encore l'harmonie, l'esthétique. Dans cette lame, nous voyons apparaître pour la première fois plusieurs personnages. Trois en bas, un en haut. L'Amoureux semble bien être ce jeune adolescent au centre de la figure. Il est entouré de deux personnages féminins visiblement différents l'un de l'autre. L'Amoureux est pieds nus, ce qui veut dire qu'il prend contact avec le sol, la réalité, mais aussi garde le contact par les sens et la raison. Il a tourné son regard vers la femme de droite (pour lui). Le regard de cette femme paraît austère, sévère, presque inexpressif et sans beauté. L'autre jeune femme paraît plus enjouée, attirante, et beaucoup plus jeune que la première. La jeune fille tend son bras vers lui et rappelle à l'Amoureux le passé, la jeunesse, l'insouciance, le temps des vœux et des affections: le temps de l'amour. L'autre femme lui rappelle le temps à venir de la responsabilité du choix, de l'épreuve (de vie) à subir. Pour le jeune homme, c'est la délibération. Au-dessus de lui, un ange (Cupidon?) décoche une flèche. L'Amoureux choisira l'intelligence du cœur, c'est-à-dire que selon son degré de conscience responsable, il effectuera un acte courageux mais assez douloureux qui est celui du choix. C'est ce qu'il fera en tournant son regard vers la femme sévère. Il mesurera en même temps le poids de sa décision, de sa réflexion et évaluera la portée de la déchirure affective qu'il a produit.

L'Amoureux enseigne la notion fondamentale que toute décision, tout choix entraînent un sacrifice, un renoncement personnel exigeant. L'amour égoïste, est une souffrance car, en vérité, on peut ne pas être aimé en retour.

■ Ses correspondances mythologiques sont: Eros, Adonis, Orphée.

■ Ses correspondances zodiacales sont tous les signes d'Air et en particulier le signe de la Balance.

■ Son analogie avec le corps: les rythmes cardiaques. Toutes les faiblesses ou carences physiques.

■ Son moment de la journée (ou rotation du temps): les premières heures du jour.

LE CHARIOT

C'est le septième Arcane du Tarot et il porte symboliquement le chiffre VII (7) qui, selon la Tradition, est attribué aux dieux.

Si l'Empereur (IIII) est surnommé Prince du Monde, le jeune homme figurant maintenant au centre de l'Arcane est appelé Prince triomphant. Il a pris place sur un char(iot) surmonté de quatre colonnades sur lesquelles repose une toile, héritage du voile ou du drap de la Papesse (II), les colonnades étant léguées par le Pape (V). Il a reçu également les attributions de l'Impératrice (III) et de l'Empereur (IIII) par le sceptre et la couronne en sa possession. Le chariot est mû par deux chevaux qui donnent l'impression de vouloir tirer chacun de leur côté. Les lettres "S" et "M" signifient Sel, Soufre et Mercure, éléments de base du Grand Œuvre.

Ce jeune homme-prince a donc à son actif l'ensemble des éléments des précédents acteurs. Ce prince est apparemment debout, sa main gauche tenant une ceinture jaune or (exactement comme l'Empereur). Lui aussi regarde droit devant lui, mais son visage est plus doux que celui de l'Empereur. Il est sûr de lui ou, du moins, confiant. Maître de la situation, il n'a pas peur de bouger ou d'avancer. Il donne le sentiment de quelqu'un de libre ou libéré prenant une direction, tout à fait apte à réussir et vaincre. Il a triomphé de son initiation, de ses contradictions, il a appris à discerner, il a appris à élaborer des plans et a fait ses choix. Il incarne le mouvement par le souvenir du Bateleur (I). Mais il connaît les risques. Il sait qu'ils existent (les chevaux qui tirent).

Représentation du passé, de l'histoire, il symbolise le progrès, l'avenir. Par tous ces actes, ce travail impressionnant qu'il a livré et les renoncements qu'il a assumés, il est un être totalement responsable et trouve maintenant la récompense de ses efforts.

■ Ses correspondances mythologiques sont: Pégase, Lampos et Phaëton les deux chevaux de l'aurore, le char d'Elie, le Sphinx d'Œdipe.

■ Ses correspondances zodiacales sont: le signe du Sagittaire, mais également les Gémeaux, Mars en Sagittaire, la Maison X.

■ Son analogie avec le corps: les muscles.

■ Sa période de vie (ou rotation du temps): les premiers jours de juillet.

LA JUSTICE

C'est le huitième Arcane du Tarot et il porte symboliquement le chiffre VIII (8), qui, d'après la Tradition, serait celui du dieu Thot: 1 est 2 qui devient 4, qui devient 8: équilibre entre actif et passif. La Justice est représentée par une femme assise sur un trône de couleur or. Cette femme est le premier personnage qui regarde droit devant lui, pour ne pas dire qu'il fixe son regard sur les observateurs que nous sommes. Ce regard est toute la sévérité et la vérité de la Justice. Elle tient dans sa main gauche le fléau ou la balance, dans la main droite l'épée. Le fléau et l'épée représentent le droit et l'application de ce droit, la légalité et l'équité. La femme donne donc le sentiment de rendre un verdict. Son principe fondamental est la loi de conséquence. En cela elle incarne non seulement la justice des hommes mais aussi la justice divine.

Elle est encore la justice personnelle. Elle nous incite à une constante autocritique. Nous n'oublierons pas son regard fixe qui est la traduction du regard que nous portons sur nous-mêmes. La Justice dit qu'il n'y a pas plus terrible juge que soi-même. La Justice indique le moment de mettre de l'ordre dans notre maison (spirituelle et morale). Il faut être toujours en accord avec soi, sinon le prix à payer pour nos fautes sera élevé. Avec elle, il n'y a ni compromis ni esquive possibles. Elle est garante de la stabilité, de la moralité, de l'obéissance, mais peut devenir malhonnête ou intolérante si ses principes ne sont pas respectés. Elle coordonne nos pensées et nos actes dans un but d'équilibre et d'harmonie entre toutes choses.

■ Ses correspondances mythologiques sont: Héra, l'Astartée des Phéniciens, l'Astrée des Grecs, la statue de Diane à Ephèse.

■ Ses correspondances zodiacales sont: le signe de la Balance et les tendances vénusiennes.

■ Son analogie avec le corps: la langue.

■ Son moment de la journée (ou rotation du temps): les plus beaux jours d'octobre, l'Orient, les levers du soleil.

L'HERMITE

C'est le neuvième Arcane du Tarot et il porte symboliquement le chiffre VIIII (9), résultat de $01+2+3+4+5+6+7+8+9=45 = 4+5=9$, somme parfaite: c'est aussi 3×3, chiffre de l'univers, révélé trois fois à l'esprit, par l'harmonie, la science, la spiritualité.

L'Hermite est représenté par un vieillard au visage de couleur chair. Il porte une barbe de même couleur. Il s'éclaire d'une lanterne qu'il tient dans sa main droite symbolisant ainsi la recherche de la lumière. La lanterne se trouve sous la manche de son manteau. Il se déplace à l'aide d'un bâton qu'il plante en terre, symbole de la recherche de la source, de l'origine. Son manteau bleu et rouge aux couleurs également réparties rappelle l'équilibre intérieur des forces conscientes et inconscientes.

La loi fondamentale de l'Hermite est celle de la Connaissance. S'il a choisi l'isolement pour l'étude, il n'en demeure pas moins un humaniste. Il incarne encore la notion du temps qu'il a choisi d'avoir comme soutien. Le temps est le seul élément, la seule philosophie qui permet d'accéder à la sagesse et la compréhension. Cette solitude est vraisemblablement voulue, souhaitée et, de ce fait, il ne s'en plaint pas. Il la vit très bien. L'Hermite enseigne ainsi que la Connaissance se fait sur le champ de l'unité intérieure. C'est un combat comme la recherche de l'énergie primordiale. L'Hermite est quelqu'un qui sait, mais ne diffuse sa connaissance qu'avec sobriété et discrétion. Le mutisme est pour lui une forme de méfiance, mais aussi un effort dans la mesure où la connaissance se veut le fruit du silence et l'acceptation d'un travail de longue haleine. Son idéal se veut le reflet du monde. L'Hermite préfère toujours la méditation et la solitude aux fastes de la renommée et des fêtes.

■ Ses correspondances mythologiques sont: Chronos, le dieu du temps, Saturne, Mathusalem, l'enchanteur Merlin.

■ Ses correspondances zodiacales sont: Saturne ou toutes les influences saturniennes.

■ Son analogie avec le corps: le vieillissement par la fatigue, la mémoire.

■ Son moment de la journée (ou rotation du temps): le début de l'automne, cinq heures de l'après-midi.

LA ROUE DE FORTUNE

C'est le dixième Arcane du Tarot et il porte symboliquement le chiffre X (10), soit 1 et 0 rappel de l'origine, Alpha et Oméga.

Nous trouvons de nouveau trois personnages dans la figure de la Roue de Fortune. Pour la première fois, ces personnages ne sont pas humains. Sur une roue, elle-même montée sur un socle, trois animaux s'y sont accrochés. A gauche on devine un singe, à droite un chien; en haut, l'animal ailé et couronné fait penser à une chimère comme celle que l'on voit sur les cathédrales. La loi de cet Arcane est celle des cycles. Les trois personnages symbolisent l'état trinitaire des choses. On peut réfléchir sur la position de chaque personnage qui dessine un triangle de forme équilatérale stable et large. Cette stabilité représente l'énergie constructive dont on dispose. Elle peut s'interpréter aussi comme la présence d'esprit, c'est-à-dire la vision claire des situations et la façon dont on peut les résoudre. Mais avant tout la Roue signifie "rotation" de *Rota* en latin. Nous savons que la loi fondamentale de cet Arcane est le cycle, et qui dit cycle, dit alternative du sort, du destin, transformation en bien ou mal de celui-ci.

C'est à cet instant que l'on songe à sa vie. Que va-t-il advenir de moi? La réponse est qu'il en adviendra ce que l'on veut qu'il advienne. De ce que nous ferons de notre libre arbitre, de ce que nous serons capables de saisir les opportunités ou de déterminer les changements de cap, nous évoluerons ou non. La Roue tournera ou se bloquera. Ici Fortune est synonyme de destin. Nous sommes faits pour maîtriser notre propre existence. La Roue de Fortune enseigne et initie à ce gouvernement difficile. En "involuant" (le signe à notre gauche, qui descend), en se transformant intérieurement (le chien à droite) et sortant vainqueur (par l'animal couronné en haut) nous agissons sur notre destin, et lui donnons une autre direction.

L'homme doit prendre des initiatives, saisir les opportunités, et trouver des solutions à ses problèmes. Au contraire, s'il ne tentait pas cette transformation, cette évolution de lui-même pour les régénérations futures, il subirait sa vie entière les événements et le risque d'échec serait alors dangereux. La Roue de Fortune dit, qu'en fin de compte, nous sommes notre propre destin.

■ Ses correspondances mythologiques sont: le Sphinx qui pose la question “Quel animal a quatre pattes le matin, deux pattes dans la journée, trois pattes le soir?”

■ Ses correspondances zodiacales sont: pour les signes de terre (exemple) naissance en Taureau, culmination en Vierge, chute en Capricorne: valable pour les autres types zodiacaux.

■ Son analogie avec le corps: le tissu cellulaire.

■ Son moment de la journée (ou rotation du temps): chaque heure du jour sous l’influence luno-mercurienne, le mois de décembre.

LA FORCE

C'est le onzième Arcane du Tarot et il porte symboliquement le chiffre XI (11) ou 1 + 1, c'est-à-dire que l'initié reçoit une force occulte pour devenir maître de lui.

C'est un personnage humain qui apparaît sous cet Arcane, une femme plus précisément. Elle est à la fois puissante et élégante. Elle maintient, entrouverte, la gueule d'un lion. Elle porte un chapeau, identique à celui du Bateleur (I), appelé "le lemniscate", et symbolise le temps ou plus exactement l'infini. Elle est habillée de ce manteau aux couleurs rouge et bleue (dont sur d'autres imageries les pans sont reliés par une cordelette d'or).

Observons les mains de la femme luttant contre l'animal. Elles ne semblent faire apparaître aucune crispation. Elle n'exprime aucun effort particulier dans ce combat, et l'animal, lui-même, semble admettre la supériorité de sa dominatrice. Ce qui signifie que la femme ou la Force est sûre de l'issue de la bataille. C'est le triomphe de l'Homme sur l'esprit animal (disons bestial) qui demeure en chacun de nous. L'animalité a été vaincue et donc les instincts primaires sont vaincus. La Force représente l'énergie canalisée, ou encore domptée (on dompte un lion). Tout ce qui va être désormais entrepris ou réalisé, pensé ou mis en œuvre va l'être dans un but plus rationnel, plus intellectuel, plus sensé.

La Force ne s'impose pas comme attitude ou possibilité physique mais comme émanation de la conscience énergétique, comme le pouvoir de la domination sur soi-même. Par extension, nous dirons aussi qu'il s'agit du recul qu'on prend sur ce qui est ou peut être fait. Utiliser sa force est synonyme de ruser et prendre en défaut son adversaire par la maîtrise, savoir le désarmer, adopter un comportement qu'il ne suppose ou n'imagine pas.

La Force dans le jeu du Tarot incarne aussi l'idée d'ordre, de synthèse, de courage, de vitalité. C'est la marque d'une indépendance recherchée et appliquée. C'est la recherche de la qualité sur la quantité. La Force symbolisée dans le Tarot nous apprend comment retrouver notre force personnelle originelle, sans le secours des autres, preuve que la Force peut se montrer belle et noble. Cela explique la raison pour laquelle nous n'avons pas une image féroce, violente ou sanguinaire de cette Force-là.

■ Ses correspondances mythologiques sont: Hercule combattant le lion de Némée, le Gilgamesh assyrien, le Géant de la tradition irlandaise Cuchulainn.

■ Ses correspondances zodiacales sont: le signe du Lion et toutes les influences martiennes.

■ Son analogie avec le corps: le plexus solaire.

■ Son moment de vie (ou rotation du temps): les heures les plus chaudes de l'été.

LE PENDU

C'est le douzième Arcane du Tarot et il porte symboliquement le chiffre XII (12), qui se comprend par 6 + 6, l'initié se sacrifiant une deuxième fois, en toute liberté.

Le personnage qui représente le Pendu est un jeune homme. Mais celui-ci est à la fois singulier et unique dans l'ensemble des Arcanes majeurs. Il est le seul, en effet, à avoir la tête dirigée vers le bas et presque en terre. Une petite corde serre ou bloque un pied (le gauche en l'occurrence) alors que l'autre donne l'impression d'être libre de tout mouvement. Il fait ainsi apparaître la forme renversée d'un quatre (4) et rappelle pour cela l'Empereur (IIII).

On remarque deux croissants de lune sur le bas de son veston, ce qui représente l'aspect lunaire possible de l'Arcane, traduisant ainsi les idées de rêveries, d'indolence, de manque de volonté. Les neufs boutons du même veston rappellent également le chiffre de l'Hermite (VIIII), personnage à la recherche de la Connaissance et de la Vérité. Donc, le pied accroché reste un symbole étrange qui fait appel à l'idée d'âme, forme finalement vulnérable chez l'Homme, ce dernier se mettant à sa recherche, sa vie entière.

Ce qu'il faut retenir de l'Arcane du Pendu, c'est que nous sommes au milieu du voyage initiatique du Bateleur... Les lois du Pendu sont celles de la compensation, de la contemplation et de la purification. Le Bateleur (I), individu profane (c'est-à-dire non initié aux mystères supérieurs) vient de parcourir de longues et importantes étapes. Il a droit à une pose... spirituelle. Sa quête va continuer, mais il veut savoir tout d'abord où il en est, dans quel état il se trouve, savoir s'il est capable de supporter les épreuves à venir.

C'est ainsi que devenant pendu à son tour, et fort des précieux renseignements obtenus au cours de ces pérégrinations ésotériques, il va se mettre volontairement dans l'état de non-action (ne pas confondre avec inaction). Il va se mettre en incapacité d'agir, non pas comme on pourrait le croire, par manque de volonté, mais simplement pour être enfin réceptif aux vibrations des deux mondes. Il va évaluer la puissance de chacune d'elles. Ces deux mondes sont le profane et l'ésotérique... le visible et l'invisible.

Sa connaissance sera plus importante, renforcée, mais le prix de son sacrifice à cette occasion sera énorme. Il devra choisir... tel l'Amoureux au carrefour de son initiation lorsqu'il a dû choisir entre les deux femmes, les deux vérités. Il se sacrifie lui-même volontairement et endosse alors les erreurs du monde. En cela, il ne perd, ni n'aliène sa liberté, il la donne. Il sort d'un monde de contraintes pour entrer dans celui du dévouement. Son impuissante attente le prépare généralement à l'abnégation et à l'altruisme. Son égoïsme devient philantropie. Son épreuve douloureuse devient une victoire.

■ Ses correspondances mythologiques sont: le Christ, le Saint Graal, ou encore selon certaines traditions, Judas (qui trahit mais se sacrifie...), le dieu celtique Odin.

■ Ses correspondances zodiacales sont: le signe du Capricorne ou les influences lunaires.

■ Son analogie avec le corps: le sang.

■ Son moment de vie (ou rotation du temps): le 25 décembre, jour de Noël et naissance du Christ.

L'ARCANE SANS NOM

C'est le treizième Arcane du Tarot et il porte symboliquement le chiffre XIII (13) qui se lit 1 + 3: la vie apparaîtra différente, sous une autre forme, en un autre lieu.
Cette lame, saisissante au départ, est plus communément appelée "Mort" ou "Faucheuse". En effet, on voit le spectre de la mort, image traditionnelle de la mort, qui à l'aide d'une faux balaie sur son passage tout ce qui vit. Au bas de la figure, on devine des mains, des pieds ainsi qu'une tête couronnée et le visage d'une femme blonde, tête nue. Il faut aller immédiatement au-delà de la signification restrictive de l'Arcane, qui arrête toute tentative d'explications. La mort n'est pas uniquement la disparition des êtres ou des choses que l'on aime. La mort n'existe que par la cessation de notre vie charnelle, notre enveloppe corporelle dans laquelle est renfermé l'élément moteur: l'âme.
Le squelette est représenté par la couleur chair, couleur de l'homme, symbole de vie. Le pied est enfoncé dans le sol, comme impuissant à agir. A l'aide de sa faux, il coupe, nettoie et fait disparaître tout ce qui vit ou ne peut plus vivre. Cela veut dire que nul ne sera épargné; le fort comme le faible, le riche comme le pauvre, le prince comme le sans grade. La terre noire sur laquelle se perpétue cette hécatombe rappelle le noir alchimique, symbole positif sur lequel repose toute transformation.
Par l'Arcane sans Nom (le mot mort ne devant jamais être prononcé), on s'initie à ce que l'on pourrait appeler la loi des lois. La philosophie de cette loi est quoi qu'il arrive, qui que l'on soit, on est obligé de se transformer. Si le sacrifice du Pendu n'a pas servi, l'Arcane sans Nom ne conservera rien du passé. Il le détruira. Lui exige la séparation ou la dispersion de tout ce qui empêche ses principes d'évolution. On doit désormais choisir une voie totalement différente, penser de façon différente, opposée. Ici, il n'y a plus de tergiversation possible. Tous les plans en cours de réalisation devront être repris tout autrement. On a l'impression d'une descente aux enfers, mais cela est un bien. Les progrès de la conscience sont les garants de nos enrichissements futurs. Ces symboles nous rappellent que les choses terrestres ne durent pas. Il faut savoir s'affranchir de tout en ce monde. La Création se charge de toutes les transformations utiles pour perpétuer la vie.

■ Ses correspondances mythologiques sont: Vulcain, Shiva, Le Dragon des Chinois.

■ Ses correspondances zodiacales sont: le signe du Scorpion ou les influences de Pluton.

■ Son analogie avec le corps: les os et la formation du système cartilagineux.

■ Son moment de vie (ou rotation du temps): novembre, la nuit profonde ou le moment du coucher.

LA TEMPERANCE

C'est le quatorzième Arcane du Tarot et il porte symboliquement le chiffre XIIII (14), c'est-à-dire 2×7, nouvelle victoire; la mort est vaincue et l'âme aspire à une nouvelle existence.
Une figure humaine revient dans la symbolique du Tarot et c'est une femme. Quoique son aspect fasse bien penser à un être humain, il y a quelques différences. Sa chevelure est bleue (dans d'autres imageries, elle est blonde...). Elle porte des ailes dans le dos et cela lui confère un caractère angélique. Elle tient dans ses mains deux cruches, celle de gauche pour le lecteur, dite "urne d'or" et qui rappelle les forces conscientes, positives, solaires-actives. Celle de droite ou "urne d'argent" représente les forces inconscientes, cachées, sensitives et vibratoires. Entre ces deux cruches, coulant de façon ininterrompue, de l'eau: l'eau de tout temps et dans toutes les civilisations a représenté la vie sous sa forme la plus primitive.
Les ailes, l'eau et les cruches sont des éléments de vie universelle, et deviennent les réflexions premières à faire sur l'Arcane. La Tempérance suit l'Arcane sans Nom qui symbolisait la mort, cessation de toute activité autonome en vue d'une transformation. La Tempérance est donc devenue l'intermédiaire entre la vie et l'après-vie. L'eau qui coule dit que les échanges se font de nouveau, purifiés et réactifs. La Tempérance a pour sens celui de la double victoire. L'Arcane VII représente le Chariot avec son prince, triomphateur sur lui-même tout d'abord, puis sur les forces matérielles. Avec l'Arcane XIIII nous ajoutons la victoire sur les forces mentales ou psychiques. Grâce à elle, nous entrons dans un monde de communication supérieure, de transmutation et le Grand-Œuvre poursuit sa route... Les idéaux de raison, d'harmonie, d'équilibre ont été purgés "exprimés" (c'est-à-dire au sens latin étymologique pressés par à-coups, extraits). Tout sera vécu maintenant non plus dans un but personnel, mais sur un plan collectif pour le bien d'une communauté. C'est la naissance de la philosophie pratique, de la continuité et de la permanence des choses. Tous les concepts se développent et s'harmonisent. Cette lame représente aussi la voix. Elle est douce et charmante. Elle guide les êtres vers la sérénité et la bienfaisance.

■ Ses correspondances mythologiques sont: l'Ange Raphaël, Circée.

■ Ses correspondances zodiacales sont: le signe du Verseau ou les influences mercuriennes.

■ Son analogie avec le corps: le système nerveux lymphatique, mais aussi les reins, la vésicule, la voix.

■ Son moment de vie: vers sept heures du soir.

LE DIABLE

C'est le quinzième Arcane du Tarot, et il porte symboliquement le chiffre XV (15), c'est-à-dire 3 × 5, le triple pentagramme: les instincts vulgaires sont vaincus, les énergies sont à disposition pour créer.
Le Diable est toujours pour le monde dans lequel nous nous trouvons et par rapport à une certaine culture (notamment la tradition chrétienne) le personnage évoquant le mal, la douleur, la tentation, la négation. Le symbolisme qu'il propose dans le monde ésotérique, et précisément celui des Tarots, n'est pas si restrictif.
On remarquera que les attributs dévolus au Diable, confirmant les opinions communément admises à son sujet, se voient complétés, voire affinés, par une recherche plus exigeante de sa personnalité.
Ce prince inquiétant, trouble, au sourire trompeur, avec sa main droite levée, semblant nous faire un signe amical, reste celui qui a les pieds fourchus, tenant un glaive dans sa main gauche (du latin *senestra*, sinistre).
Placé sur un "piédestal" qui fait plutôt penser à un chaudron, il est affublé de deux autres personnages plus petits, misérables, les mains attachées derrière le dos et une corde à leur cou respectif, corde fixée elle-même au chaudron. Ils sont immobiles, prêts pour le sacrifice et la résignation. Remarquez que leurs visages ne laissent pas franchement apparaître des impressions de douleur ou d'horreur. Les ailes dans le dos, de couleur bleue certes, ont les contours crochus: comparez ces ailes avec celles de la Tempérance! Le Diable, également coiffé d'un casque surmonté de cornes, porte encore sur lui une ceinture rouge au niveau du sexe, et la présence du rouge à cet endroit indique le principe de l'actif, du positif, source d'une énergie à utiliser.
Est-ce dire alors, qu'en tout homme il y a un diable qui sommeille? Il n'en demeure pas moins, que notre personnage est appelé le maître de la matière, et, dès lors, il agira ou fera agir en tout temps et en toutes circonstances sur la matière, sur la structure des choses. Ses armes seront celles de la puissance des instincts, qu'ils soient physiques ou sexuels. La vie sexuelle est l'orgueil de l'homme et symbolise la vie créatrice, productrice: c'est une vie intelligente génératrice de la force et de la transmission.

Avec le Diable du Tarot nous apprenons à construire, à agir, concourir à la conception par l'esprit dans le but d'influencer les principes humains primordiaux. Si ces instincts sont bien canalisés, le succès est sinon garanti, du moins possible.
Si cela n'est pas, ce qui sera conçu ou pensé ne pourra résister aux tentations les plus diverses, aux excès de toute nature, sera soumis aux influences les plus néfastes, en somme aux bouleversements de tous types, mais l'avertissement se situe, en général, dans la matière.

■ Ses correspondances mythologiques sont: Satan, Lucifer, l'Ange déchu Belzébuth, le Ba' al-Belit des Sémites. Le grand dieu Pan.

■ Ses correspondances zodiacales sont: le signe du Capricorne, la Maison VIII, le signe du Scorpion en ascendant.

■ Son analogie avec le corps: les organes génitaux et le sexe plus généralement avec les maladies afférentes.

■ Son moment de vie: les nuits d'orage, les cauchemars, le sabbat.

LA MAISON-DIEU

C'est le seizième Arcane du Tarot et il porte symboliquement le chiffre XVI (16), qui se comprend par 4 × 4: la matière qui est au service d'elle-même.

La Maison-Dieu (ou de Dieu) qui figure la représentation de l'Arcane, est constituée au centre d'une tour de couleur chair avec trois fenêtres en bleu, situées en haut. Le faîte de la tour, surmonté d'une couronne, semble exploser ou se décrocher. On voit aussi une immense flamme qui provient de très haut et qui semble être le détonateur de l'explosion. Deux personnages tombent à terre. En fond, une vallée de couleur or, des touffes d'herbes vertes, et des bulles rouges, blanches et bleues.

Cette lame rappelle immanquablement les deux grands mythes chrétiens de la Tour de Babel, et de Sodome et Gomorrhe. Ces deux histoires racontent comment les hommes ont été déchus, comment Dieu les a remis à leur place en leur lançant des avertissements, en leur faisant comprendre qu'ils sont égoïstes, orgueilleux, vaniteux et extravagants, et quelle distance les sépare encore de la sagesse et de l'humilité. Dieu leur dit encore que la puissance et la gloire, vécues ou envisagées dans un but personnel et avide, ne servent pas l'élévation spirituelle. Les hommes ne sont pas eux-mêmes des dieux, ne sont pas, encore moins, Dieu tout entier, mais seulement, simplement une partie de lui.

La Maison-Dieu nous enseigne comment entendre la voix de Dieu, c'est-à-dire prendre conscience de notre degré infinitésimal dans l'univers, cet univers qui est l'ampleur de sa représentation, et que, si la terre n'est qu'une poussière dans l'univers, nous avons bien des choses à comprendre et à entreprendre en nous-mêmes, avant de partir vers d'autres conquêtes, au nom de notre vanité.

■ Ses correspondances mythologiques sont: la Tour de Babel, Sodome et Gomorrhe, Lucifer l'ange déchu, le rêve d'Icare.

■ Ses correspondances zodiacales sont: Uranus ou les influences plutonniennes négatives.

■ Son analogie avec le corps: les nerfs et les dépressions, les articulations, toutes les faiblesses chroniques, chutes de tension.

■ Son moment de vie: les jours de pluie, les jours où l'on est en retard.

L'ETOILE

C'est le dix-septième Arcane du Tarot et il porte symboliquement le chiffre XVII (17) qui s'explique par 1 et 7: l'espérance en la vie passe par la joie, l'harmonie et la foi.

Notre Etoile se présente sous l'apparence d'une jeune femme nue, son genou gauche en terre. Elle déverse de l'eau dans une rivière d'un bleu profond, figuration de l'Inconscient, cette eau provenant de deux cruches. Nous noterons que la Tempérance possédait les mêmes cruches et que la circulation de l'eau se faisait entre les deux contenants... Il existe aussi une certaine ressemblance entre les deux visages, mais la jeune femme de l'Etoile a perdu ses ailes! Au-dessus d'elle, huit étoiles brillent et couvrent ainsi toute la partie supérieure de l'Arcane. Une étoile est plus particulièrement grosse. Nous avons ici le symbole du Soleil: la foudre divine s'est transformée en puissance solaire rayonnante. Les autres étoiles figurent les planètes de notre système solaire. Dans le fond, une vallée et deux arbres verts. Sage et attentif, un oiseau noir vient de se poser. Il n'est pas l'oiseau de mauvais augure que nous imaginons, mais la représentation de la fécondité spirituelle, l'image de l'âme ressuscitée qui avait été déchue dans la Maison-Dieu, et qui retrouve sa réceptivité, sa pureté, sa gloire et son immortalité.

L'Etoile nous enseigne ainsi comment savoir se dépouiller, quelle est la nécessité de cet acte, quelle joie on peut en tirer. Nous entrons dans une série d'étapes ultimes et l'échec n'est plus permis. L'Etoile nous révèle que la force et la possibilité de réfléchir et d'agir sont basées sur notre foi, notre confiance en la vie et en ses vertus. L'Etoile dit encore que nous devons avoir le pressentiment de la vie, car sa réalité, ou sa durée, n'est pas fortuite, gratuite.

Nous sommes sur la route de l'évolution intégrale, absolue. L'espérance guide notre ascension vers la dignité humaine. L'humanité entière va s'incarner en nous. Nous n'avons plus rien à garder en nous, puisque nous devenons aussi les autres, et nous avons tous besoin des autres.

■ Ses correspondances mythologiques sont: Ishtar, la déesse des Chaldéens, la Psyché des Grecs, Pénélope, la femme d'Ulysse, Noé de la Bible (l'oiseau qui attend au loin l'apparition d'une terre).

■ Ses correspondances zodiacales sont: Vénus, le signe du Verseau et toutes les influences lunaires.

■ Son analogie avec le corps: le visage (à vingt ans), la sveltesse du corps.

■ Son moment de vie (ou rotation du temps): les premières heures du jour, du printemps, le moment du lever.

LA LUNE

C'est le dix-huitième Arcane du Tarot et il porte symboliquement le chiffre XVIII (18) qui s'explique par $1 + 8 = 9$: le travail de l'initié est douloureux. Il œuvre en silence, avec patience et espoir.

C'est l'une des lames les plus abondamment chargées en symboles dans l'ensemble des Arcanes majeurs. On voit tout d'abord en haut de la figure, un disque bleu dans lequel apparaît une tête presque sans vie et figure ainsi notre satellite. De celui-ci partent des rayons tricolores qui projettent eux-mêmes des gouttelettes bleues, rouges, jaunes. Au centre de la figure, deux tours peintes en jaune or reposant sur un sol de même couleur. Les tours sont visibles à moitié, comme si elles s'enfonçaient. Devant les tours, deux chiens (ou loups...) qui hurlent à la mort. Les animaux se touchent les pattes. L'animal de droite semble attraper avec sa gueule l'une des gouttelettes, rappelant l'animalité originelle de l'homme, enfouie dans son inconscient.

Enfin, encore plus près de nous, et couvrant une bonne moitié de la lame, un étang dans lequel baigne ou stagne une bête (crabe, écrevisse) ou encore un scarabée, symbole égyptien de la régénération.

La loi de la Lune est celle de la gestation patiente et de la création dans le sens de fécondité. L'histoire de la Lune se rattache à celle de la Terre et en est complémentaire. De la Terre, la nuit, on peut observer l'astre qui est réfléchi par une lumière éclairante mais invisible, celle du Soleil.

La Lune incarne le féminin, le principe féminin, pour en être l'élément dominant. C'est la femme qui féconde l'homme et qui incarne son devenir par sa procréation et assure la pérennité de la vie. Il y a mouvement dans la nuit, l'obscurité, passage intermédiaire de la gestation à la création: rappelons-nous donc la femme qui enfante, la vie utérine et la condition plasmatique de l'enfant pendant neuf mois évoquées par le disque bleu de la lame. En outre, deux fois neuf font dix-huit. Neuf pour la gestation, neuf pour la création. La nuit est occupée en partie par le sommeil, les rêves, lorsque l'inconscient est mobilisé pour un travail profond en vue d'une communication future à la conscience.

L'intelligence n'est pas absente de la réflexion qu'inspire la lame. Cette intelligence est créatrice, pratique dans ses résultats, l'aboutissement incontestable en vue du triomphe final de la conscience par l'intuition. La Lune c'est la mémoire (de l'humanité). Nous avons en nous le principe dualiste de toute chose et de tout état. C'est la raison pour laquelle nous trouvons les deux tours, les deux chiens. Il se fait aussi que l'imaginaire est instinctif. La Lune nous enseigne comment vivre le temps de cette dualité par la réceptivité et la gestation des forces cachées.

■ Ses correspondances mythologiques sont: la Phébé des Grecs, Artémis, Lilith la première femme d'Adam, Anubis, Hadès, la Louve de Rome.

■ Ses correspondances zodiacales sont: la Lune en Cancer, le signe des Poissons et tous les ascendants en signe d'eau.

■ Son analogie avec le corps: le ventre de la femme, l'utérus.

■ Son moment de vie (ou rotation du temps): l'accouchement, les cycles menstruels, les phases de la Lune, les rêves, la mémoire.

LE SOLEIL

C'est le dix-neuvième Arcane du Tarot et il porte symboliquement le chiffre XVIIII (19) qui se lit 1 + 9: l'unité est totale dans la matière et dans l'esprit, et répand sa chaleur dans tous les êtres.

Deux enfants vont figurer au centre de la lame et au-dessus d'eux un soleil. Parfois selon les imageries, ce sont deux garçons, parfois un garçon et une fille. Le personnage de gauche sur la lame touche le plexus solaire de l'autre, le second touche la base du cou, la moelle épinière. Ces centres symbolisent les sources d'énergie de vie. C'est l'accord parfait. Derrière eux, un mur en construction, jaune aux rebords rouges qui signifie la limite sage à donner à chaque chose, donc qu'il ne faut pas franchir. Le mur signifie également la construction active de la vie de la matière et la moralité à édifier dans sa vie d'homme. L'intuition est désormais dépassée, car intégrée.

C'est le temps de l'intelligence idéale, au détriment de celui des sentiments. La joie et le bonheur sont vécus totalement. Le Soleil, immense et ardent, diffuse des gouttes or, rouges et bleues. Et à ce propos, la Lune fait de même. Les gouttes partant du Soleil incarnent la puissance active, la Lune incarne la puissance intuitive, donc progression du premier sur la seconde. L'idéal vient d'épouser la raison et l'intelligence, et toute création est désormais possible pour ne pas dire facile.

D'autre part on peut croire que l'harmonie double est atteinte: cette harmonie est celle de l'introversion et de l'extraversion parfaitement combinées, car proportionnelles. Le temps de l'achèvement est presque atteint, mais ne deviendra absolu que dans l'Arcane du Monde (XXI). En attendant tout se vit pour le mieux. Triomphe, discernement, intelligence, cohésion sociale, guérison du corps et du cœur, tout est transcendé. Le Soleil symbolise enfin la réalité de ce qui existe, car l'esprit, a maintenant mûri et a su dépasser sagement les contingences, les préjugés, les sensations. Tout est réel, pour ne pas dire aveuglant de vérité, autant que le Soleil brille chaque jour dans le ciel.

■ Ses correspondances mythologiques sont: Adam et Eve, Castor et Pollux, l'Age d'Or de l'humanité, les dieux grecs Hélios, Apollon.

■ Ses correspondances zodiacales sont: le signe du Lion et toutes les influences solaires, ainsi que pour certaines traditions le signe des Gémeaux.

■ Son analogie avec le corps: le cœur et la colonne vertébrale.

■ Son moment de vie (ou rotation du temps): tout l'été à n'importe quelle heure. Les heures en hiver devant le feu de cheminée.

LE JUGEMENT

C'est le vingtième Arcane du Tarot et il porte symboliquement le chiffre XX (20) qui s'explique par 2 et 0: le temps de l'initiation est terminé. Les secrets sont révélés.

Deux symboles essentiels couvrent l'ensemble de l'Arcane. Tout en haut, resplendissant, un ange nous apparaît, muni d'une trompette. L'ange est tout auréolé d'une couronne bleue. Il porte des ailes couleur chair et se présente en fait dans un soleil dont on ne distingue que les rayons partant vers le bas. L'ange tient la trompette dans sa main ainsi, vraisemblablement, que le drapeau blanc à croix jaune. (D'autres imageries donnent les ailes vertes, le drapeau multicolore et quelques gouttes d'eau et d'or coulant des rayons.) L'ange nous regarde comme la Justice ou le Diable et il sera intéressant de comparer l'expression de ces regards.

En bas de la lame, trois personnages, une femme à gauche, un être asexué dont il ne nous est pas possible de déterminer l'âge, car il nous tourne le dos et le troisième aux allures de vieillard. Tous les trois sont nus et portent des cheveux de couleur bleue. Ils sont en état de prière, car leurs mains sont jointes. Ils se sont rassemblés autour d'une tombe, vert foncé.

Derrière eux, une vallée de couleur jaune, paysage désertique. Mais pour eux, l'essentiel tient dans la trompette tenue par l'ange. Pour ceux qui seront tenants de la tradition chrétienne, nous songerons dans cette figuration à la trompette de l'ange de l'Apocalypse et le thème dit, du "Jugement dernier", le moment où Dieu va comptabiliser les âmes qui monteront au ciel, et celles qui seront jetées en enfer. Dans le monde ésotérique, il apparaîtra encore autre chose, à savoir que cette lame, d'inspiration essentiellement spirituelle, nous rappelle que le triomphe véritable est celui de l'esprit, et qu'il vient de triompher! Le Jugement rappelle d'autre part que la mort n'existe pas et n'est qu'une illusion, puisque l'âme ressuscite. La loi de l'Arcane est donc celle de la Résurrection et de la Rédemption. Ce qui a été énoncé par Dieu et son fils, Jésus-Christ, à savoir qu'il ressuscitera le troisième jour et qu'il enlèvera les péchés du monde, ce qui était prophétie se réalise, se révèle. C'est le miracle. La libération et la promesse faite "aux hommes de bonne volonté" est tenue. D'ailleurs le Christ est présent dans le symbole de la croix, qu'il dit brandir lors de son retour.

Le Jugement du Tarot nous apprend comment ressusciter nous-mêmes après nos "morts" successives, comment entendre la trompette, donc reconnaître et accepter les vérités qui nous seront révélées. Le Jugement nous apprend encore comment nous renouveler sans oublier notre passé et nos actions. C'est peut-être ce qui explique la nudité de nos personnages du bas. La vérité leur est révélée. Ils entendent la musique céleste par le symbole de la tombe qui s'ouvre et les libère. Songeons que nous serons jugés sur notre passé et nos actes: si tout est conforme à la loi universelle, nous serons assis "à la droite du Père", c'est-à-dire que nous serons ses élus.

■ Ses correspondances mythologiques sont: le Saint-Esprit, la résurrection de Lazare, les prophètes, le troisième jour de la mort du Christ, les trompettes de Jéricho.

■ Ses correspondances zodiacales sont: les influences luno-mercuriennes, Balance et Poissons en ascendant.

■ Son analogie avec le corps: le souffle et les poumons.

■ Son moment de vie: les fêtes de la Pentecôte, L'Assomption.

LE MONDE

C'est le vingt et unième Arcane du Tarot et il porte symboliquement le chiffre XXI (21) qui se comprend par 3 x 7: troisième victoire qui fait de l'initié, élément intégral et intégré au monde.
Une jeune fille a pris place au centre de la figure. Elle est dénudée, mais porte une longue écharpe sur ses épaules, tout en cachant son sexe. Elle tient dans sa main gauche une baguette, tout comme le Bateleur (I) et en ceci un cycle s'achève. La jeune femme est entourée d'une gigantesque couronne ou guirlande de fleurs, jaune en haut, rouge au milieu, bleue en bas. Aux quatre coins de la lame, nous voyons un ange, un aigle, un lion et un taureau, qui rappellent symboliquement les quatre évangélistes chrétiens, ainsi que les quatre éléments de base: eau, air, terre, feu. Par extension, puisqu'il s'agit du monde, les quatre saisons. Revenons un instant sur la jeune femme qui a un pied décollé du sol. Elle donne l'impression de se mouvoir, elle semble danser comme pour évoquer les rondes rythmiques de la terre et du temps.
Ainsi donc, avec cet Arcane qui est le dernier du cycle initiatique amorcé avec le Bateleur, nous pourrions réfléchir sur la finalité des choses et ce que nous en faisons. Cette lame pourrait représenter un immense moi intérieur agrandi, enrichi, achevé, parachevé même, puisqu'il est à l'image du Monde dans lequel il se trouve, ce pourquoi il a cheminé si longtemps.

Le Monde incarne, en somme, le triomphe des triomphes et qui serait sa loi, tout comme l'Arcane sans Nom (XIII) fut celle de la loi des lois, loi de la transformation. Le Monde sera pour nous cette élévation ultime de la conscience pure, absolue, l'accession de l'intelligence, du courage à la victoire, car au cours de ses pérégrinations diverses, heureuses et malheureuses, les combats menés ont maîtrisés bien des forces contraires. La récompense est enfin obtenue.
Cette récompense, c'est la vie, le triomphe de la vie universelle et éternelle. L'homme est le maillon d'une chaîne sans fin, symbolisée ici par la guirlande qui fait un tour sur elle-même. Rien ne nous échappe, rien ne nous contraint, le mouvement de la vie est à la fois immuable et glorieux. Les grands idéaux de l'homme vivent une apothéose: amour, honneur, inté-

grité, gloire et santé... Dès lors, aucun mystère ne nous paraît insoluble. Cette lame est surnommée "déesse de la vie", et c'est bien une notion idéale que nous avons de la vie qui nous engage à poursuivre notre route, toujours plus loin. La connaissance des mystères de la vie hantera le monde aussi longtemps qu'il se perpétuera. L'Arcane du Monde nous enseigne comment se perpétuer et comment se réaliser dans un monde parmi nos semblables, comment aller ensemble vers notre synthèse universelle, "terme de la recherche".

■ Ses correspondances mythologiques sont: la déesse grecque Déméter, les mystères d'Eleusis, le Telestérion ou place des mystères, le mythe de l'androgyne, les quatre évangélistes.

■ Ses correspondances zodiacales sont: les signes du Lion, du Taureau, du Verseau et de la Vierge (figurant sur la lame).

■ Son analogie avec le corps: le diaphragme, l'ensemble du corps.

■ Son moment de vie (ou rotation du temps): les vacances, les meilleurs moments d'une journée.

LE MAT

Cet Arcane ne porte pas de numéro à proprement parler. Il est le dernier de la série des Arcanes majeurs. On lui donnera le chiffre 22 ou 0, c'est-à-dire qu'il est à la fois fin et recommencement.
De nombreux experts du Tarot surnomment aussi le Mat, "le Fou" ou "le Joker"; il s'intercale entre le Jugement (XX) et le Monde (XXI). Il est l'intermédiaire, comme l'être errant. C'est l'Arcane sans chiffre, donc sans position fixe. Il peut déstabiliser un jeu, une situation par son incertitude. Un homme sans âge figure au centre de la lame. Il porte un plastron rouge, un pantalon bleu et surtout une coiffe jaune, identique à celle du "bouffon du Roi", ce petit être bizarre, extravagant, et parfois homme de bon conseil qui amusait les seigneurs du temps de la féodalité. Il porte la barbe (souvenir de l'Empereur, de l'Hermite). Sur son col, bleu, cinq boules lui servant de pendentif (souvenir du Pape comme cinquième Arcane). Il tient dans sa main droite un bâton (l'Hermite encore) porte la ceinture (L'Empereur, le Chariot, Le Bateleur, mais aussi la Tempérance).
Il est donc détenteur de tout un passé, un cycle à présent terminé, commencé par le Bateleur, dont il garde la besace et la baguette. Cette besace s'est remplie de toute son initiation. En tout cas, il est curieusement vêtu, d'autres imageries l'affublent d'un costume bariolé, preuve de son extrême faiblesse ou de son irréalisme.

Le Mat donne le sentiment de marcher, de partir à la découverte ou la recherche d'on ne sait quoi, on ne sait où... Son visage cependant sérieux, grave ou concentré sur l'image, ne nous donne pas d'idée sur sa destination précise: en effet, le fond de la lame est blanc. Il ne regarde même pas les deux touffes d'herbes à ses pieds, symbole de la végétation à venir. On ne sait même pas s'il a vu l'animal tel un chat, courir derrière lui et lui déchirer son pantalon, ce symbole voulant rappeler le caractère humain de notre voyageur, donc perfectible. En fait, il marche sans but.
Même initié, c'est-à-dire ayant eu accès à une connaissance qui n'est pas ordinaire, le Mat nous laisse avec cette impression indécise qu'il demeure insatisfait, pas assez rassasié. Sa soif de connaissance serait-elle donc illimitée? C'est fort possible et c'est en cela qu'il incarne le cycle du recommence-

ment. Il est si épris d'absolu que son exigence de la vérité, de la connaissance le fait s'abandonner, au péril de sa vie, à une éternelle démarche en ce sens.

Par le Mat, nous apprenons qu'il existe encore une loi, celle de l'intégration ou celle de la dissolution. Il réussira ou échouera et sera "mangé par la vie". Tout dépendra de ce qui le motivera, si ses instincts seront maîtrisés, s'il dominera son impatience, si son intelligence sera suffisamment éveillée. C'est pour cela que le Mat est à la fois qualité, défaut, sagesse et folie.

■ Ses correspondances mythologiques sont: Apsou, Ouroboros le serpent qui se mord la queue. Loki, dieu scandinave. Les Gnômes. Le Fou du roi.

■ Ses correspondances zodiacales sont: tous les signes en exil.

■ Son analogie avec le corps: le mal de tête, les pieds, les talons.

■ Son moment de vie: le temps perdu, les retards, chaque chose mal vécue, mal pensée, les "gaffes" de la vie.

Le tirage

Il existe bien des méthodes de tirage des Tarots. Celui que nous proposons maintenant est l'un des plus courants, l'un des plus connus. C'est le tirage dit de "la croix" ou "en croix". Son classicisme et sa simplicité initiale n'étonneront et n'embrouilleront personne. Toutes sortes de questions peuvent être posées, mais il y a des conditions préalables dont il faut tenir compte. Si vous les connaissez déjà, nous nous bornerons à les rappeler brièvement.

• Trouvez (ou soyez) dans une pièce silencieuse.

• Créez en vous-même les conditions d'une concentration de plusieurs minutes. Faites "le vide".

• Ne pensez pas à un quelconque ennui, problème momentané. Le tirage peut avoir une influence et ne pas donner de réponses équitables, impartiales.

• Il est recommandé de ne pas fumer, boire, manger, écouter la radio, la télévision, etc.

• Prenez les cartes en mains. Regardez quelques minutes les Arcanes et imprégnez-vous de ce qu'ils contiennent: personnages, couleurs, attitudes, objets, etc. Il faudrait que les lames fassent partie intégrante de votre personne intérieure, inconsciente. Si une lame vous inspire plus qu'une autre, il n'est pas impossible que vous la retrouviez tôt ou tard dans le jeu. Elle aura quelque chose à vous apprendre.

• Battez calmement les lames, puis coupez-les.

• Etalez les cartes sur une table propre recouverte d'une toile, de couleur neutre si possible.

• Le vide étant fait et conservé au maximum, posez la question de manière positive: par exemple "Epouserai-je la femme que j'aime?" "Changerai-je de carrière professionnelle?" "Devrai-je passer un examen?", etc.

• Choisissez quatre lames. La première devant vous, la seconde en opposition à droite, la troisième en haut, au milieu des deux premières, la quatrième en bas au milieu. La cinquième lame, celle de la synthèse sera le résultat de l'addition des quatre nombres figurant sur les lames tirées. (Si vous trouvez un chiffre supérieur à 22, il faut réduire le nombre obtenu pour qu'il soit inférieur à 22. Souvenez-vous, il y a 22 lames majeures. Vous obtenez 56: il suffit de faire 5 + 6 = 11, vous trouverez la Force (XI).

• Retournez-les. Ainsi commence votre lecture des Arcanes et leur interprétation.
La lame tirée la première, placée à gauche, représente le consultant, ses dispositions au moment où il pose sa question, ce qu'il ressent. C'est ce qui lui est favorable, positif. Ce sont ses qualités, ses forces, ce qu'il essaye de faire pour affronter les épreuves avec succès.
La lame tirée la deuxième, placée à droite, correspond à l'environnement du consultant, son entourage extérieur. C'est ce qui lui est défavorable, négatif, contrariant, ce qui le trompe, l'entrave, ce qu'il doit éviter ou surmonter.
La lame tirée la troisième, placée en haut et au milieu, correspond à un aspect possible du résultat. C'est aussi le temps présent ou prochain (quelques semaines environ). Cette lame éclaire d'un jour nouveau la situation en cours et prépare la sentence. Cette lame conseille sur l'action ou la réflexion à mener.
La lame tirée la quatrième, placée en bas au milieu, c'est la sentence proprement dite. Elle répond de manière "définitive" à la question posée, la façon dont le consultant doit concevoir l'avenir de la situation étudiée.
La lame au centre du tirage effectué, c'est la lame de "synthèse". Elle donne une idée morale ou philosophique sur l'aspect général de la question et la situation en cours. C'est ce qui doit motiver le consultant afin qu'il tire une leçon, sur la situation évoquée par l'interrogation du Tarot.
Rien n'est à prendre de manière systématique, nous le répétons avec bien d'autres. Rappelez-vous que le tirage que vous avez obtenu est le résultat d'une situation vécue à un moment particulier. Nous avons en nous une âme, une partie inconsciente mais très vivante. Rien n'est le fruit du hasard. Il existe des choses inexplicables, incompatibles avec notre logique et notre raisonnement, notre vue à trois dimensions.
D'ailleurs, si le hasard existait, le blé, par exemple, pousserait sur le bitume, nous serions immédiatement des adultes, sans passer par les stades intermédiaires de l'enfance et de l'adolescence... et combien d'autres exemples de cet ordre.
Sachez reconnaître les clins d'œil du destin, les situations, les mots insolites, ce que nous ne pouvons encore maîtriser, car nous avons encore beaucoup à apprendre. C'est l'un des rôles des Tarots, que de nous enseigner cela.

LE BATELEUR

En première carte: ainsi sorti, dit que vous possédez beaucoup d'atouts dans votre jeu et de confiance. Vous êtes ce que l'on appelle en langage moderne “un décideur”. Votre action ou votre réflexion signifie que vous voulez prendre un nouveau départ ou que vous vous référez à quelque chose de neuf (nouveau). Indique donc un désir de changement presque radical, en tout cas profond (amitié, amour, méthode de travail). Vous ne manquez pas d'initiative, d'habileté, de finesse d'esprit, de spontanéité. Votre éloquence naturelle vous pousse à vous faire entendre, comprendre.

En deuxième carte: ainsi sorti, dit que vous manquez de confiance, que votre angoisse ou votre hésitation retardent ou entravent le cours normal des événements. L'action se dilue dans de mauvaises appréciations. Vous craignez peut-être, et à juste titre, les intrigues, ruses, compromis, préjugés etc. Vous vous méfiez aussi des illusions du miroir aux alouettes. Dominez donc votre agitation intérieure. Laissez parler les autres ou, s'il le faut, ne redoutez pas de dire la vérité.

En troisième carte: indique que par rapport à une situation en cours vous devriez vous attendre à une situation nouvelle (ou activité nouvelle). Celle-ci sera le point de départ d'une existence différente à envisager comme l'origine d'un comportement dont l'essence psychologique sera la confiance, la volonté, la décision.

En quatrième carte: ainsi sorti, indique que votre adaptabilité à une situation nouvelle assurera le succès de vos entreprises. Vous êtes suffisamment “instruit” pour vous engager fermement. Vous vivez l'avenir sur des bases intellectuelles mûries, raisonnables malgré tout, quoique très enthousiastes.

En cinquième carte: ainsi sorti, déclare que vous devrez prendre conscience de la nécessité d'un (re)commencement de votre existence, ou des plans étudiés, avec confiance, enthousiasme. Restez jeune dans l'esprit, prenez personnellement l'initiative de ce nouveau départ qui prouve votre libération intérieure et votre capacité.

LA PAPESSE

En première carte: ainsi sortie, dit que votre silence, votre réserve, votre intuition, ou encore tout simplement votre dose de patience naturelle, sont vos meilleures chances. Vous faites preuve généralement de discrétion et d'une sûreté de jugement appréciable ou appréciée. Vous croyez en votre for intérieur que des choses agréables et positives se préparent, que vous n'en êtes pas toujours l'acteur ou l'auteur, mais cela ne vous inquiète pas. Vous attendez avec sérénité. En tout cas, vous vivez les choses très intérieurement. Vous réfléchissez beaucoup et bien; vous êtes réceptif et souvent très bien inspiré. Vous écoutez les autres mais vous préférez écouter votre petite voix.

En deuxième carte: ainsi sortie, dit que l'incompréhension domine la (ou les) situation(s) en cours. Tout devient flou, opaque. Votre jugement est faussé par une vision des situations que vous avez peut-être vous-même un peu, voire beaucoup, déformée. Vous êtes aussi peut-être victime de rancunes, d'hostilités ou d'indifférences, sans que vous vous en doutiez. Vous espérez, à tort, un soutien étranger. Prenez garde contre une tendance à la paresse, mais aussi y êtes-vous momentanément contraint.

En troisième carte: indique que par rapport à une situation en cours, vous parvenez brusquement à une révélation (une grande maturité d'esprit ou la simple évidence). Possible aussi que votre intuition réelle ou votre clairvoyance vous apportent enfin la solution qui vous manquait. Votre maîtrise dans l'art d'écouter, d'observer est grande. Utilisez le silence comme arme et pensez.

En quatrième carte: ainsi sortie, indique que par votre concentration sur un problème et une solution à trouver, ainsi que la réflexion, le silence ou votre seule intuition guidant vos actes, vous obtiendrez satisfaction. Un événement favorable peut changer les choses. Tout étant clarifié, vous évoluerez avec intelligence, imagination et foi.

En cinquième carte: déclare que la bienveillance à l'égard des autres, comme vous l'avez de vous-même, fait de vous justement un guide. Vous devriez vous ouvrir au monde spirituel qui recèle des mystères extraordinaires mais fascinants. Vous pouvez devenir un directeur de conscience, quelqu'un qui apporte son appui ou son concours.

L'IMPERATRICE

En première carte: ainsi sortie, dit que votre intelligence claire, relativement dépourvue de sentimentalisme, votre faculté de compréhension, mais aussi votre politesse, charme, distinction naturelle, ou le propre sentiment de votre valeur, aident à la formation de projets intéressants, souvent bénéfiques et bien orientés. Votre conception de l'existence est déjà en elle-même une affirmation. Vous êtes quelqu'un de riche (si ce n'est pas sur le plan financier, cela le sera un jour, mais la richesse intellectuelle n'est pas à négliger). Vous avez d'ailleurs dépassé le stade intuitif et vous êtes dans le créatif, le conceptuel.

En deuxième carte: ainsi sortie, dit que vous avez tendance à faire des erreurs et que vous perdez même le contrôle des situations. Il y a peut-être en vous une insuffisance de maturité par rapport à un entourage (parents, amis, travail) qui vous rend inapte, inefficace. Les plans moraux ou intellectuels sont affectés, désordonnés. Vous ne vous méfiez pas assez de votre propre image de marque, car, de l'extérieur, on vous soupçonne comme quelqu'un de dédaigneux, souterrain, ou vaniteux. Vous êtes trop sensible à la flatterie. Vous risquez de vous emporter à tort, car les colères brusques entravent la réflexion saine et concrète.

En troisième carte: indique que, dans une situation en cours, votre intelligence, votre lucidité, votre esprit de synthèse, votre discernement régleront certainement les problèmes ou soucis. Votre honnêteté à tous les niveaux se met au service de bonnes actions, d'autant plus qu'elles sont logiques. Malgré l'importance du domaine sentimental ou relationnel, vous ne prendrez pas le risque de confondre ce dernier dans l'ensemble de la situation. Il n'y a pas rejet, mais cela s'impose plus par la force des choses.

En quatrième carte: ainsi sortie, nous apprend que la ou les vraies questions seront tôt ou tard bien posées. C'est surtout grâce à votre esprit d'analyse, et votre intelligence (ou honnêteté intellectuelle) que vous agirez en conséquence. En tout cas, les situations seront assez froidement vécues c'est-à-dire que la prise de conscience ou la volonté l'emporteront sur les sentiments. Dans ce cas, l'adage "nécessité fait loi" marquera vos initiatives ou vos engagements.

En cinquième carte: déclare que vous devez franchir une étape: passer de l'intuition à la conscience absolue. L'énergie que vous engagerez à cet effet vous assurera, non seulement une victoire, mais surtout vous permettra d'affiner votre effort de distinguer, de comprendre, ou d'avoir éventuellement une influence décisive dans une situation donnée.

L'EMPEREUR

En première carte: ainsi sorti, dit que votre motivation trouve sa richesse et sa continuité dans une volonté persévérante et quasiment inflexible. Vous êtes quelqu'un de rigoureux, mais vous justifiez cette rigueur par son utilité. En outre, vos certitudes sont difficilement modifiables. Quels que soient le plan étudié, la situation en cours, les raisons que vous invoquez, vous avez résolu d'aller jusqu'à l'exécution de vos projets. Vous êtes stable, solide, en bonne santé. Votre autorité est une arme dont vous usez toujours à bon escient. L'énergie ne vous manque pas et vos intentions créatrices sont stimulées par une bonne connaissance (cela peut être la culture générale), une volonté d'action, la domination sur autrui où vous êtes passé maître.

En deuxième carte: ainsi sorti, dit que votre volonté est mal orientée. Elle se transforme souvent en parti pris, opposition rude ou contestataire qui s'accompagne de mauvaise foi ou entêtement. Vous redoutez, ou vous vous opposez à l'adversité par des moyens douteux ou risqués. Vous n'aimez surtout pas que vos entreprises soient contrariées. Lorsque c'est le cas, vous devenez fragile, borné, autoritaire, voire tyrannique, accumulant ainsi les risques d'échecs. Vous craignez la perte de votre pouvoir sur les autres, mais cela ne serait pas grave. Mais vous perdez aussi le pouvoir sur vous-même (self-control). Il est possible que vos adversaires soient déterminés à vous abattre. Il est encore possible que votre absence de volonté ne soit que momentanée.

En troisième carte: indique que seules, la force de caractère, la puissance de votre intelligence, votre autorité innée vous aident à trouver les solutions à un problème, ou à imposer ces solutions. Il vous faudra être très actif, persuasif, moral. Mais votre art de la logique, ou de la rigueur, ainsi que la volonté de domination d'un problème feront merveille et vous conduiront à la réussite.

En quatrième carte: "On ne détrône pas l'Empereur" dit-on... C'est vrai, car ici votre caractère restera ferme, inébranlable, quelle que soit l'ampleur de la décision. La réalisation de vos projets ou de vos espoirs deviendra effective. Vous serez craint, influent, respecté.

En cinquième carte: déclare que vous devrez maîtriser les situations en cours ou les projets, les concrétiser avec pragmatisme. La fermeté, la rigueur ne vous feront pas défaut. Vous utiliserez le temps qui passe avec application. Vous incarnerez la protection, la puissance, la stabilité et le réconfort. Vous devrez savoir vous servir de tout cela à la fois.

LE PAPE

En première carte: ainsi sorti, dit que vous faites preuve d'une certaine autorité morale sur les autres. Vous passez pour un guide, un chef, un protecteur ou, en tout cas, un conseiller avisé. Vous avez le sens des convenances, et vous êtes respectueux des formes et des usages. Vous êtes objectif et compréhensif. La bienveillance et la générosité sont des valeurs d'importance à vos yeux. Vous avez tendance à être indulgent et vous pardonnerez facilement. Pour vous, la vie sociale est importante, vous avez des dons pour l'enseignement, la médecine (curative, homéopathique, etc.) ou la profession d'avocat. Ce qui vous caractérise surtout, c'est votre capacité à la méditation. Vous êtes sage, et la passion que vous mettez dans vos actions ou vos projets est lucide et contrôlée.

En deuxième carte: ainsi sorti, dit que vous avez la tentation fâcheuse de suivre les conseils irréalistes, ou suivre des idées périmées. Chez vous, la parole devient malveillante, malhonnête, nuisible ou confuse. Vous faites preuve de sectarisme ou de manque de conviction. Vos idées ou vos propos divergent avec ceux de vos semblables. Le dogmatisme ou l'emphase vous sont préjudiciables. Il est temps de combattre votre propension à l'étroitesse d'esprit. Votre intuition ou votre sagesse ne vous servent à rien, ou sont mal utilisées.

En troisième carte: indique qu'en toute circonstance, ou selon le plan étudié, vous devrez faire preuve de conscience, de devoir, d'ouverture d'esprit. Dans un plan intellectuel ou moral, votre présence servira de médiation, d'arbitrage, car vous êtes (serez) suffisamment capable de conseiller, d'encourager ou de concilier les contradictions des autres. Vous êtes celui qui reste objectif et compétent mais "autoritaire".

En quatrième carte: indique que pour trouver toujours une solution à un problème, ou supporter une situation en cours, la plus sage des mesures est de savoir distinguer tout ce qui s'oppose à vous, tout ce qui entrave la marche en avant ou la lumière de votre esprit. Votre intelligence est celle d'un sage, d'un homme probe, à la recherche d'une pureté intérieure. "Concilier ses contradictions" est une nécessité.

En cinquième carte: déclare que la conciliation de tout ce qui s'oppose est la mesure à prendre pour progresser, voir plus clair. On peut résoudre ces problèmes par l'objectivité, la sagesse, la conviction de la foi. En fait, vous êtes un médecin de l'âme, vous êtes capable de tout comprendre, tout admettre, et d'aider ceux qui vous le demandent.

L'AMOUREUX

En première carte: ainsi sorti, dit que vous recherchez la compagnie ou l'amitié des autres. Vous êtes attentif et affectueux. Vous recherchez dans quelque domaine que ce soit la beauté, la perfection, l'esthétique, bref ce qui touche à l'idéalisation, et vous le faites avec beaucoup de réflexion, d'à-propos et de courage. En général, vos vœux ou choix, ou aspirations sont bien orientés. Si vous aimez vivre doucement, avec patience et de manière agréable, l'idée de prendre des responsabilités (parfois des choix délicats) ne vous effraie pas. Vous aimez aussi passer des examens, car cela vous donne l'occasion de vous remettre en cause, ou bien si vous êtes obligé de passer des examens (faire des choix), vous réfléchissez ou délibérez beaucoup avant de vous engager.

En deuxième carte: ainsi sorti, dit que vous risquez de subir des épreuves dont vous ne pourriez pas sortir vainqueur si vous restiez faible, ou hésitant(e) et entêté(e). Vous partez peut-être à la conquête de chimères (ou bien peut-être de Chimène!). Ce ou ces projets sont-ils dans l'instant irréalistes... Vos erreurs d'appréciation sur une situation vous font douter de la réalité et aussi de vos capacités. Il est toujours possible que vous subissiez une séparation sentimentale ou qu'un amour ne soit pas partagé comme vous l'espériez. Méfiance à l'égard de ceux qui se disent vos amis... et méfiance envers la tentation, l'hésitation, la calomnie, la passivité ou toutes les formes de plaisirs faciles.

En troisième carte: indique que vous demeurez tout de même, quoi qu'il en soit, un être chaleureux, aimant, sociable, d'agréable compagnie. C'est par l'amour ou l'amitié que vous dominerez les situations. Cela vous donnera des ailes, un élan, ou simplement le "plus" qui vous sera nécessaire pour réaliser vos vœux, ou faire vos choix. Vous pouvez toujours bénéficier d'une certaine chance. Il se peut que vous rencontriez un amour nouveau, point de départ d'une vie nouvelle, mais il n'en est pas moins vrai que l'épreuve ou la restriction à apporter dans ces bons événements est de savoir faire un choix.

En quatrième carte: indique que ceux qui vous entourent pourront vous aider à vous sortir d'une situation délicate. Leur aide, leur soutien vous permettront de voir plus clair, faire les choix qui s'imposent. Les décisions peuvent être prises aussi après mûre réflexion. Une rencontre affective est possible. En tout cas, “pesez toujours le pour et le contre” quoi que vous décidiez.

En cinquième carte: déclare que le choix à faire dans les situations est le fait d'une vision claire des problèmes dont l'élément moteur sera l'amour envers les autres, ou l'amitié. On vous demandera de choisir en toute objectivité et liberté, avec maturité, en connaissance de cause, et sans égoïsme. Suivez vos aspirations.

LE CHARIOT

En première carte: ainsi sorti, dit que votre volonté de réussir, votre confiance naturelle ou réfléchie, votre talent oratoire ou votre diplomatie sont vos meilleurs atouts. Vous êtes en progrès, ou vous êtes un homme de progrès. Un voyage est prévu et s'annonce comme facteur de succès. Votre aptitude à surmonter les obstacles est évidente. Vos efforts sont réguliers et un peu intéressés. Vous dirigez bien votre puissance et vous ne doutez pas de la victoire. Votre énergie et votre volonté vont vers l'intérêt général.

En deuxième carte: ainsi sorti, dit que vous craignez d'avancer ou que votre ambition est injustifiée. Vos efforts sont désordonnés. Vous avez peur de la défaite. L'appréhension de l'échec vous paralyse. Il se peut que, par rapport à une situation en cours, vous ne soyez pas assez compétent. Vous manquez de volonté, de conviction, etc. Essayez de conjurer les forces contraires ou adverses. Une erreur d'orientation a pu être commise. Toutes les forces intérieures et extérieures divergent.

En troisième carte: dit que la liberté d'action est large. Vous maîtrisez bien les situations et vous êtes très entreprenant. En fait, vous ne vous posez pas trop de questions. Vous avez toujours une idée pratique ou intéressante. Vous savez toujours tirer votre épingle du jeu, et vous menez votre barque avec confiance et efficacité. Cette confiance est issue d'une analyse objective d'une situation. Vous êtes patient dans l'élaboration des idées mais impatient de les réaliser.

En quatrième carte: indique que, pour vous, la voie est libre. Vous triomphez en fin de compte de toutes les divergences ou oppositions. Vous avez résolument confiance en l'avenir. Votre ardeur, votre dynamisme et la domination sur vous-même dont vous faites preuve sont les garants de votre réussite, de votre triomphe.

En cinquième carte: déclare qu'il faut agir comme vous l'entendez. La certitude de vos propos, de vos idées, la puissance de vos actions vous conduisent vers le triomphe. La solidité de votre personnalité et l'autorité dont vous faites preuve garantissent tous vos succès.

LA JUSTICE

En première carte: dit que vous agissez selon un principe d'équilibre intérieur. Votre sûreté de jugement est une valeur que vous savez utiliser. Vous êtes stable, logique, raisonnable, discipliné et juste. Vous avez le sens de l'équité, du droit, de la légalité des choses. Partout en vous on trouve l'équilibre, l'honnêteté, l'obéissance, la régularité. Vos opinions sont modérées. Vous préférez donner à vos actes ou vos idées un sens pratique, une dimension réelle. Vous êtes quelqu'un de fidèle à la tradition, à l'ordre établi.

En deuxième carte: dit que vous hésitez face à des situations difficiles. Vous êtes sans doute victime de votre mauvaise foi. Chez vous, tous les plans subissent des règlements divers dus au manque d'initiative, l'envie de contester, l'imprudence, ou la soumission aux usages. Vous devez combattre l'intolérance qui vit en vous, le conformisme, la malhonnêteté. Dans un procès, il y a un risque certain de défaite. Vous pouvez être débouté ou payer "des dommages et intérêts" (à prendre aussi dans un sens abstrait). Risque de déséquilibres psychiques qui entraînent d'autres types de déséquilibres (intellectuels, physiques, etc.).

En troisième carte: ainsi sorti, indique que vous êtes en toutes circonstances guidé par la raison. Face à vous-même ou face aux autres en tant qu'arbitre, par exemple, vous résolvez toujours les problèmes avec une grande partialité, ou une neutralité bienveillante. Vous avez des talents d'avocat en la circonstance. Vous désirez ou vous poussez les autres à ne concevoir les choses et les événements qu'en termes de justice, d'honorabilité, d'équité, de raison.

En quatrième carte: indique que malgré les aléas de la situation en cours, vous savez toujours faire la part des choses. Votre jugement et votre sentence sont le résultat d'une cogitation basée sur la raison, l'équilibre, le droit, la rigueur. Vous êtes souvent à la recherche de l'harmonie, aussi bien pour vous que pour les autres. Vous savez ramener les choses à leurs justes proportions. Mais cela demande une grande maîtrise et une appréciation de soi, honnête et exigeante.

En cinquième carte: déclare que l'essentiel se trouve dans l'harmonie. Ce qui signifie qu'il faut toujours être en accord avec soi-même, pour soi-même et pour les autres. Pour bien agir et tout comprendre, il faut être droit et juste, c'est ainsi que notre vision est la plus convenable possible. Le meilleur, mais aussi le plus dur juge qui soit, c'est soi-même. La loi sera alors respectée et l'équilibre régnera en s'imposant de lui-même.

L'HERMITE

En première carte: dit que vous vivez ou avez décidé de vivre seul, peut-être momentanément. Cet isolement ou l'austérité volontaire (ou non) vous permet de retrouver, ou rechercher, une grande harmonie intérieure. Vous éprouvez ce besoin avec sagesse. Vous êtes en train de rassembler une énergie psychique nouvelle et constructive. Vous êtes ouvert à la philosophie, à la spiritualité. Vous êtes d'une nature discrète, secrète et vous êtes un modèle de sobriété. Si certains jugent cela excessif, vous ne vous détournez pas de ces principes ou de ces valeurs. Vous aimez ou vous agissez en silence.

Vous êtes fait pour l'étude et le temps est votre allié favori. Vous aimez approfondir les sujets, les situations dans le but de découvrir une voie, une vérité. Vous êtes lent mais prudent.

En deuxième carte: ainsi sorti, dit que vous êtes peut-être sceptique à propos de telle ou telle situation. Vous vous découragez, vous préférez l'isolement ou le silence, à tort, alors qu'il aurait fallu mieux ou plus vite, décider et agir. Vous devenez méfiant ou timide. Vous cultivez le mutisme ou l'avarice selon les circonstances. La tristesse, qui emplit le cœur et l'esprit, entrave vos actions et gêne votre réflexion. Peut-être êtes-vous un célibataire endurci et que la compagnie d'une "âme-sœur" ou d'amis serait préférable.

En troisième carte: ainsi sorti, indique que, face à la situation en cours, un travail sérieux, attentif, profond est nécessaire. Vous souhaitez que les choses évoluent lentement. Vous-même faites ou ferez qu'il en soit ainsi. De toutes les façons, cela ne peut que vous être favorable. Vous avez comme allié le temps qui passe et qui fortifie l'état des choses. Vous bénéficiez aussi d'une grande "protection" (à prendre dans un sens abstrait également). Vous faites usage de votre bon sens et de prudence. C'est dans la solitude que vous trouvez les solutions.

En quatrième carte: indique que l'effort que vous entreprenez portera ses fruits dans le temps. Cet effort sera long et obscur. Les embûches seront nombreuses, mais votre courage se verra récompensé. Les choses évoluent avec vous, lentement mais sûrement. Il y a au-dessus de vous une grande protection. Votre harmonie intérieure, synonyme de sagesse, est la clé de votre réussite sinon de votre santé.

En cinquième carte: déclare que votre travail personnel intérieur est le fondement de votre succès. Votre persévérance est une arme efficace. Vous évoluez avec intelligence et lucidité. Vous concentrez toutes vos facultés dans une direction, et le temps qui passe renforce votre connaissance. Vous êtes une "puissance cachée", mais vous vous réaliserez.

LA ROUE DE FORTUNE

En première carte: ainsi sorti dit que vous faites preuve de beaucoup de présence d'esprit ou d'intelligence subtile. Vous ne manquez ni d'initiative, ni de spontanéité: vous aimez que les choses bougent, avancent. Ce qui vous incarne ici, c'est la volonté ou la capacité de saisir les occasions, comme l'on dit couramment "saisir la balle au bond". Vous développez une énergie positive, génératrice de transformations. Par rapport à un problème donné, vous savez déjà que des solutions existent et qu'il est temps de les mettre en pratique. En bref, vous faites tourner la roue... La bonne humeur que vous affichez, le désir de transformer les choses sont les preuves que vous assumez vos responsabilités.

En deuxième carte: ainsi sorti, dit que c'est plutôt le hasard qui mène votre vie. Vous êtes insouciant, instable, inconstant. Votre négligence ou vos sautes d'humeur vous sont défavorables. Vos revirements ne sont pas du goût de tout le monde et l'on voit en vous quelqu'un de contrariant, ou subversif. Peut-être vivez-vous de spéculations diverses (à prendre dans un sens abstrait, intellectuel, etc.) et vos revers de fortune sont nombreux pour ne pas dire inquiétants. Ne soyez pas trop tenté de subir les situations, les courants qui sont contraires.

En troisième carte: indique que, face à une situation en cours, les courants du destin peuvent devenir positifs. Il vous suffirait de faire preuve d'initiative ou de ruse pour retourner un événement en votre faveur. Vous pouvez devenir maître de votre destinée, c'est-à-dire que si vous modifiez les conditions du présent vous avez une chance de vivre un avenir moins soumis ou moins aléatoire. Vous êtes capable de saisir les occasions qui se présentent. Le temps des transformations, le temps de la métamorphose arrivent.

En quatrième carte: indique que vous êtes sur le chemin de l'évolution. Les améliorations ou les transformations que vous attendez sont en cours. Vos énergies ou les décisions que vous prendrez iront dans le bon sens. La Roue, à cet instant, est l'indication que vous pouvez enfin vous prendre en main. Vous conservez le libre arbitre et la chance est avec vous.

En cinquième carte: déclare qu'il est temps de vivre sa vie. Votre libre arbitre est grand. Ayant pris conscience d'une transformation indispensable pour poursuivre votre route, vous échappez à vos illusions.
Sachez saisir les occasions. Ecoutez, regardez tout ce qui tourne autour de vous avec attention et opportunisme.

LA FORCE

En première carte: ainsi sortie, dit que les forces morales, physiques, psychiques sont à votre disposition, ou idéalement combinées pour supporter les efforts ou les épreuves. Vous êtes courageux, voire intrépide. Dans n'importe quelle situation, vous restez calme, maître de vos nerfs ou de vos instincts primaires. Chez vous, chaque action ou mouvement doivent être coordonnés. Vous avez foi en votre pouvoir; vous débordez de vitalité et vous trouvez quand il le faut l'énergie pour vaincre les forces contraires. Vous résistez aux coups durs. Vous voulez triompher.

En deuxième carte: ainsi sortie, dit que vous faiblissez devant l'obstacle. Vous manquez de tonus, de punch, et vous succombez non seulement à la faiblesse mais aussi à l'agressivité, la colère, l'impatience et vos nerfs lâchent. Vous êtes aussi peut-être devenu insensible et vous avez des allures de monstre froid. Il vous est recommandé dans ces moments d'éviter la lâcheté ou l'excès de témérité. Vous n'êtes pas en condition de surmonter les événements. Méfiez-vous ou voyez si, sur le plan de la maladie, vous ne devriez pas subir une intervention chirurgicale ou recourir à l'assistance d'un psychologue…

En troisième carte: indique que les problèmes ou situations en cours peuvent se résoudre en prenant votre courage à deux mains, car votre énergie tant morale que physique vous autorise à engager une action qui, à moyen terme, sera bénéfique ou positive. Vous pouvez triompher à condition d'utiliser les forces qui sont en vous et de bien les diriger... mais vous, et vous seul, en êtes capable. Il y a aussi l'indication que votre intelligence pure peut assurer la finalité de l'entreprise, car celle-ci saura maîtriser ou canaliser les passions les plus fortes.

En quatrième carte: indique que la force nécessaire pour agir ou dominer une situation existe déjà en vous. Sachez la trouver, la dominer avec fermeté, discipline, méthode. Vous devez tout mettre en œuvre pour faire aboutir vos idées ou vos projets, mais sachez que la lutte ne sera pas facile; les oppositions existent. C'est avec calme et courage que vous surmonterez les obstacles.

En cinquième carte: déclare que vous devez utiliser vos forces et vous le savez. Alors agissez et faites ce qui doit être fait! Vous avez su dominer vos instincts, régler vos passions. La lutte brutale n'a été d'aucun secours, et vous pouvez envisager de désarmer vos adversaires grâce à votre courage et votre intelligence qui peut s'appuyer sur la ruse ou les circonstances.

LE PENDU

En première carte: dit que, pour vous, l'esprit gouverne le corps. L'évolution intellectuelle ou spirituelle est importante. Vous êtes dans la position d'un philanthrope, un mécène, un être désintéressé, pourvu que l'esprit triomphe. Toute épreuve est dans votre esprit une nécessité et doit se transformer en victoire. La vie est une initiation. Vous êtes ou seriez tenté par le mysticisme. Vous savez en tout cas vous oublier vous-même pour aider les autres ou les nobles causes. L'altruisme est l'une de vos qualités majeures.

En deuxième carte: ainsi sortie, dit que vous devez lutter, ou éviter d'entreprendre un projet irréaliste ou momentanément impossible. Il se peut qu'une promesse ne soit pas tenue ou qu'un amour ne soit pas rendu. Attendez-vous aussi qu'un incident ou un événement fâcheux ne fasse de vous un bouc émissaire ou un esclave. Vous avez en tout cas des habitudes contraires à vos principes ou néfastes. Vous vous bloquez.

En troisième carte: indique que, face à la situation en cours, il est possible ou préférable de ne pas agir du tout, de se mettre en position de non-action. Le *statu quo*... Votre abnégation — ou votre dévouement — serait sans effet et vous contraindrait à un effort supplémentaire dangereux, ou vous forcerait dans l'avenir à plus d'immobilisme. “Attendre et voir” comme l'on dit en Angleterre... convient parfaitement à la situation.

En quatrième carte: dit qu'une solution intéressante, pratique ou favorable, n'est envisageable que dans un avenir lointain (à vous de déterminer cet avenir lointain). Le changement pourrait se produire sans votre intermédiaire ou votre concours. Pourtant, des solutions sont en vue, des réalisations sont possibles, mais attendez-vous à un dévouement sans retour ni remerciement.

En cinquième carte: déclare que le *statu quo* de votre situation n'est favorable que dans la mesure où l'esprit aura étudié toutes les possibilités, et dégagera des décisions. Il faut donc penser et agir avec prudence, mais avec bienveillance et altruisme envers les autres. N'agissez que conscient de votre victoire.

L'ARCANE SANS NOM

En première carte: ainsi sorti, dit que, pour vous, toutes les vérités sont acceptées ou comprises. Vous consentez à un sacrifice de votre passé. La prise de conscience douloureuse que vous venez de subir (ou que vous subissez encore), et le détachement qui s'opère traduisent un sentiment de libération profond et sincère. Tous les plans (intellectuel, familial, social, relationnel) se transforment ou annoncent un renouvellement. Vous faites preuve d'un certain ascétisme moral. Il se peut que le passé, la connaissance que vous en avez, puissent vous aider à vivre plus aisément le présent et conditionner le futur.

En deuxième carte: ainsi sorti, dit que vous avez des difficultés à rompre avec le passé. Une attitude négative vous conduit à l'échec. Vous devenez fataliste. Triste ou pessimiste, vous ne parvenez plus à raisonner et vous retardez tout progrès, toute transformation. Il vous faut cesser de vivre ou de penser comme d'habitude, prendre une direction radicalement opposée. Il se peut qu'un simple découragement passager soit la cause de vos perturbations actuelles. Le doute ou bien la morosité freinent vos élans. Il se peut toujours que vous n'ayez pas suffisamment étudié les situations en cours, que des pièces manquent au puzzle.

En troisième carte: indique que, dans les situations en cours, vous devriez vous attendre à des changements aussi profonds que nécessaires. Plus rien ne devrait être comme avant et cela provoquera un bouleversement pénible, douloureux mais indispensable. Vous devrez reconnaître, le cas échéant, vos erreurs et transformer tout cela pour le bien de tous. De votre désespoir naîtra votre espoir.

En quatrième carte: indique que la condition absolue pour trouver une solution à vos problèmes, c'est de tout simplement changer, bouleverser l'ordre des choses, les habitudes, tout ce qui est en cours et qui ne peut plus exister en tant que tel. Vous êtes sur une mauvaise voie et vous devez tout changer pour continuer. C'est plus facile à dire qu'à faire, mais il faut garder l'espoir même si ces solutions tardent à venir.

En cinquième carte: déclare que mourir puis renaître est la condition de tous. Petits ou grands, nous devons toujours nous remettre en cause, ou remettre en cause ce qui nous entoure, car rien n'est immuable en ce monde. Il faut apprendre à rajeunir pour recommencer, consentir, admettre et oublier ce qui est (ou ce qui a été) et qui ne peut plus durer ainsi, car cette partie est elle-même en train de recommencer sans nous ailleurs et progresse à son tour. Mais les idées, elles, sont éternelles.

LA TEMPERANCE

En première carte: ainsi sortie, dit que vous êtes quelqu'un de tempéré, nuancé, dans vos manières ou jugements. Votre caractère est souvent égal, joyeux, accommodant. Vous êtes certainement bon négociateur, et votre philosophie est simple car pratique et réaliste. Vous aimez en tout cas communiquer, échanger des idées. Vous acceptez facilement les situations ou les transformations. Vous aimez être entouré, ou bien les mondanités ne vous font pas peur. Vous êtes indifférent aux racontars et aux mesquineries. Vous possédez en outre du fluide... Peut-être est-on attiré par votre charme, ou avez-vous une façon de rassurer ceux qui sont autour de vous?

En deuxième carte: ainsi sortie, dit que vous avez quelques difficultés à comprendre les autres. Votre raisonnement, ou votre façon de concevoir la vie, n'est pas la leur. Vous êtes peut-être passif, indifférent, insouciant. Si vous glissez dans la paresse, ne vous étonnez pas du retard dans vos affaires (ou vos amours). Soyez plus vigilant. Inconstance ou humeur changeante risquent de vous couper des autres, et vous aurez ainsi plus de mal à communiquer. Vous vous laissez aller, et votre instabilité ne vous permet pas de vous intégrer à un mouvement général. Vos nerfs (angoisse, douleurs physiques diverses...) peuvent vous jouer un mauvais tour.

En troisième carte: indique que la solution à vos problèmes passe par un sens plus aigu de la communication, du dialogue, de l'acceptation d'autrui. Restez serein. Ne changez pas d'humeur pour un rien, car vous verrez que les difficultés s'aplanissent souvent. Lorsque l'équilibre est maintenu, les raisons s'accordent entre elles, la vitalité aussi. Mais vous êtes perçu comme quelqu'un d'équilibré et sensible. Sachez utiliser ces belles qualités.

En quatrième carte: indique que, quel que soit le dénouement d'une situation, vous devrez faire concorder sentiments et intérêts. Curieusement, vous verrez que les deux font souvent bon ménage. C'est par degrés que vous retrouvez une vie solide, sereine surtout. Mais pour cela, intégrez-vous à un groupe de votre choix dans le but de communiquer. C'est souvent facile, il suffit d'être soi-même, d'être souple et d'écouter. Vous pouvez vous trouver des qualités d'orateur, ou d'organisateur (ne serait-ce que dans la famille) et l'on vous en saura gré. La qualité de votre dialogue est votre réussite.

En cinquième carte: déclare que la vie doit continuer dans la sérénité, malgré la masse de difficultés que vous rencontrez. Votre docilité, votre raison et votre équilibre naturel réguleront votre existence quotidienne. Votre existence individuelle doit se mettre au service d'une communauté ou d'un groupe social, car vous vous sentirez, tôt ou tard, poussé à vivre avec les autres.

LE DIABLE

En première carte: ainsi sorti, dit que vous avez la puissance disponible pour agir, créer, produire. Vous exercez une influence sur les autres, mais il peut s'agir d'une action souterraine, occulte, inconsciente. La manipulation est votre arme favorite. Toutefois, vous savez bien canaliser vos forces et leur utilisation dans votre travail ou votre vie relationnelle, sexuelle, etc. vous assure profit et succès. Vous êtes porté à dominer les autres, mais vous gardez le sens des responsabilités. Vos instincts sont bien orientés et portés vers des actions constructives. Vous ne manquez ni de méthode ni d'intelligence.

En deuxième carte: ainsi sortie, dit que vous faites beaucoup d'efforts pour donner l'illusion. Vous voulez paraître fort, puissant, intelligent, et, en réalité, il ne s'agit que d'un dopage mental inopérant. Vous êtes soit surexcité, soit désordonné, ou encore trop passionné. Actes ou paroles vont en sens inverse du résultat attendu. Vous êtes quelqu'un de manipulé, esclave de vos sens, de vos jugements ou de vos intérêts. Vous aliénez votre liberté. Le manque d'argent ou la perte de votre emploi (par exemple) brisent votre existence et vos relations. Bouleversements et intrigues sont vos lots quotidiens.

En troisième carte: indique que, dans la situation vécue vous êtes en mesure de faire front. Votre force ou votre intelligence peuvent dominer la situation. Vous pouvez également dominer les autres en exercant une influence favorable, constructive. Il y a en vous un équilibre intérieur, sachez l'extérioriser.

En quatrième carte: indique que la puissance nécessaire pour agir ou décider est à votre service. La santé, l'argent ou le pouvoir de fait vous rendent influent, respecté. Aussi sachez bien utiliser cette force sans devenir pour autant esclave vous-même.

En cinquième carte: déclare que le Diable n'est pas un si mauvais partenaire, car il vous propose par différents moyens d'actions (argent, intelligence, sexualité, etc.) bien des possibilités de succès ou de pouvoir dans ce monde. A vous d'être raisonnable, prudent pour n'être pas esclave à votre tour.

LA MAISON-DIEU

En première carte: ainsi sortie, dit que vous avez subi ou vous subissez encore une crise salutaire. La période que vous traversez, même si elle vous paraît pénible ou douloureuse, vous permet de faire le vide en vous-même, de prendre conscience de l'état dans lequel vous viviez et qui (vous le reconnaîtrez) était négatif. Vous faites preuve de prudence et de bon sens. L'humilité est une leçon ou un concept pas toujours facile à mettre en pratique, cependant vous réussissez. Vos craintes ou vos doutes qui se justifient sont des atouts majeurs dans votre situation, et vous abordez plus sereinement l'avenir.

En deuxième carte: ainsi sortie, dit que vous faites preuve de beaucoup d'imprudence ou d'imprévoyance. Soit que votre ambition est démesurée, soit qu'un accident, une faillite, une ruine financière ou de l'esprit peuvent survenir. Préparez-vous à des changements aussi complets et brutaux qu'inattendus. Vous risquez, ou bien vous cherchez, la catastrophe. Vous pourriez aussi tomber malade. Evitez les provocations, excès, abus divers, voire le scandale. C'est dans l'esprit en tout premier lieu que les difficultés se forgent. Même si votre rêve le plus cher s'écroule, recommencez et soyez plus humble.

En troisième carte: indique qu'une transformation brutale, désagréable est à attendre. Cet avertissement sans frais n'en reste pas moins salutaire, car il vous permet de reconsidérer du tout au tout les situations vécues. Vous saurez perdre vos illusions ou abandonner vos rêves. Dominé par un sentiment d'échec, faites preuve de prudence et de rigueur.

En quatrième carte: indique que l'orgueil, l'ambition, l'impatience et l'égoïsme ne peuvent être des vertus susceptibles de vous faire progresser ou de vous aider à vaincre. Après une défaite, il faut comprendre la leçon et entendre les avertissements. Un effort sur vous-même vous fera sortir de votre prison (qu'elle soit psychique, morale, intellectuelle).

En cinquième carte: déclare qu'il faut entendre les avertissements d'où qu'ils viennent, aussi bien de très haut qu'en soi. La vie est le fruit de multiples et fructueuses expériences, certes pas toujours heureuses, mais salutaires. L'accumulation d'erreurs n'est pas nécessairement une faute, mais le principe du progrès, la manifestation de la raison.

L'ETOILE

En première carte: ainsi sortie, dit que vous êtes en période de chance et que vous avez confiance. Vous croyez tout simplement en votre bonne étoile. Vous avez foi en ce qui est et en ce que vous faites. Vous êtes sensible et vous avez souvent de bons pressentiments. Vous vous épanouissez grâce à une bonté naturelle, une intelligence souple, un dévouement pratique et sincère. Vous êtes un être tendre, peut-être un peu naïf, mais cela plaît. Vos rêves ou vos diverses sensations vous aident. Vous avez un peu le don de la clairvoyance. Communiant souvent avec la nature, vous retrouvez les éléments vitaux de la vie.

En deuxième carte: ainsi sortie, dit que vous avez plutôt tendance à vous résigner. Vous êtes déçu ou vos espoirs ont été déçus. Vous êtes trop naïf, trop crédule, ignorant des réalités ou des difficultés. Peut-être avez-vous tendance ou envie de vous isoler, de vous enfermer dans des rêveries impossibles, de ne plus participer à rien. Vous auriez tort. Vous croyez que la malchance vous poursuit, mais dites-vous qu'elle n'existe que pour ceux qui y croient.

En troisième carte: indique que dans la situation en cours un réel espoir demeure et qu'un coup de pouce du destin peut faire basculer avantageusement l'issue finale. Pour cela, il faut préparer un environnement favorable, croire en sa chance, faire preuve de bonté. Le charme et la beauté sont des éléments qui peuvent vous mettre en valeur. Profitez aussi de la sérénité des autres.

En quatrième carte: indique que des solutions positives, agréables, heureuses sont à envisager. La chance et le bonheur sont à votre portée, y croire c'est déjà les posséder. Un dénouement heureux va vous permettre d'évoluer dans un cadre chaleureux, serein, confiant. L'abondance ou l'inspiration serviront vos actes. Croyez en votre bonne étoile.

En cinquième carte: déclare qu'il faut faire confiance et croire en son étoile. Nous en avons tous une. Pourquoi pas vous? Quelle que soit la situation vous êtes guidé et protégé. Ne manquez jamais d'inspiration ou d'amour et ayez toujours la foi en ce qui vit, tournoie autour de vous. Les signes du destin sont nombreux. Ne désespérez pas, car de toute façon, il vous arrivera ce que vous voulez qu'il vous arrive.

LA LUNE

En première carte: ainsi sortie, dit que vous avez beaucoup d'imagination ou que vous vous êtes rendu maître de votre imagination. Vous êtes à la fois patient et réceptif à l'environnement. Par suite d'un assainissement intérieur, votre objectivité est plus évidente, sinon apparente à vous-même et aux autres. Vous êtes à la hauteur des tâches qui vous sont imposées, quand bien même elles sont laborieuses ou contrariantes. Vous aimez les enfants et les êtres plus jeunes que vous, parce que vous souhaitez leur venir en aide, les materner. Votre âme ou votre mémoire sont facilement mises en alerte.

En deuxième carte: ainsi sortie, dit que vous êtes victime des apparences parfois trompeuses des situations ou des mots. Vous vivez dans l'angoisse et la gestation de vos idées est difficile à réaliser. Vous redoutez ou refusez de vous voir tel que vous êtes et vous préférez entretenir le doute ou le mystère autour de votre personne. Vous commettez des erreurs d'interprétation. Vos sens, vos suppositions sont erronés. Vous voyez partout des embûches, des menaces ou des contraintes. Méfiez-vous des lubies ou de vos sautes d'humeur. Bref, vous êtes dans un état dépressif dommageable ou inquiétant.

En troisième carte: indique que, dans la situation vécue, vous pouvez trouver les solutions ou les idées par une bonne orientation de votre imagination. Votre pensée doit être créatrice, génératrice d'une action à long terme. Ce qui peut encore vous aider, c'est de garder vos espoirs ou vos décisions secrets ou mystérieux pour les autres. Le passé permet de mieux éclairer le présent, ou bien ce passé est trouble et vous égare. Ecoutez plutôt la véritable voix de votre inconscient.

En quatrième carte: indique que, dans l'avenir, des modifications importantes sont à attendre, notamment au foyer, ou dans une situation faisant appel aux sentiments en général. Une naissance (même au sens abstrait) est à prévoir. Il est temps de récolter les fruits de l'imagination. Vos efforts paieront enfin, car vous aurez fait preuve de patience. La gestation, qui aura été difficile, va vous libérer et traduire vos espérances les plus secrètes.

En cinquième carte: déclare que l'attente, si longue soit-elle, est l'élément déterminant de votre situation. La patience ou encore la conquête pénible de la vérité stimulent votre évolution. La cellule familiale ou la génération des sentiments offrent une chance de faire éclater les carcans, de faire tomber les obstacles. Restez à l'écoute de votre inconscient.

LE SOLEIL

En première carte: ainsi sorti, dit que tout va très bien ou comme vous l'entendez. La raison ou l'amour des autres vous préoccupent. Vous êtes joyeux, heureux même, vous avez la santé. Les amis sont nombreux et vous aiment. Vous êtes un être attrayant. Vous vous faites des relations intéressantes, positives. Vous avez beaucoup de force et de talent. Dans la vie quotidienne, vous savez faire preuve de discernement, d'intelligence et de sociabilité. Vous avez ce que l'on appelle l'esprit de famille. Chez vous, intelligence, sagesse et passion sont bien utilisées, combinées.

En deuxième carte: ainsi sorti, dit que vous songez plus à votre amour-propre, vous devenez indifférent aux autres. Vous êtes un être distant, fuyant, froid, vaniteux parfois. Votre susceptibilité vous égare. Vous avez un malin plaisir à provoquer les autres soit par bluff, soit par désir de paraître. Vous êtes, en vérité, un être maladroit, malheureux, jaloux, dépourvu de générosité. Vous ne comprenez rien à ce qui se trame autour de vous; l'aveuglement qui vous éblouit vous prive de toute sincérité.

En troisième carte: indique que votre optimisme, votre bonté et votre gaieté naturelle vous font voir les événements de façon très favorable. Vous trouvez ou trouverez les solutions qui s'imposent avec objectivité. Votre intelligence pratique, active, vous fait obtenir des résultats positifs ou du moins très encourageants. Vous voulez, ou vous saurez accéder à la vérité qui, jusqu'à présent, vous échappait. La guérison de vos maux est en vue. Vous pouvez rencontrer l'amour.

En quatrième carte: indique que vous triompherez de tous vos problèmes, que ce soit par l'intelligence, l'amour, le travail, la santé, l'action. Espérez en une guérison rapide et totale, si vous êtes malade. En fait, le bonheur est là, mais sachez le faire partager.

Vos sentiments et votre raison travaillent de concert.

En cinquième carte: déclare que vous savez trouver avec un peu d'effort, de talent, de sincérité, le bonheur et l'amour. Qui sait si vous ne deviendrez pas célèbre dans votre sphère? Vous pouvez vivre avec faste. Rien ne doit faire obstacle à votre marche vers la lumière, celle des "justes". Profitez de votre intelligence profonde et puissante, de votre optimisme, pour créer, œuvrer dans le sens de l'humanité.

LE JUGEMENT

En première carte: ainsi sorti, dit que vous avez beaucoup d'inspiration, ou que de nouvelles possibilités s'offrent à vous. Votre vie est placée sous le signe du renouveau, comme si vous souhaitiez une libération, une renaissance, la "résurrection". Peut-être avez-vous raison de croire que le passé doive encore jouer son rôle actuellement et que, pour des raisons légitimes, il ne faille le faire revivre utilement. Vous êtes également enthousiaste. En tout cas, on vous reconnaît une grandeur d'âme. La musique peut aider vos réflexions, faire naître l'ambiance. Vous voulez guérir ou vous relever d'une "mauvaise passe".

En deuxième carte: ainsi sorti, dit que vous faites preuve de mauvais jugements, que les pressions extérieures vous étouffent, vous enivrent, et que vous faites preuve d'une agitation plutôt stérile et inutile. Il se peut que vous fassiez beaucoup de bruit pour pas grand-chose. Evitez de créer sur votre personne une mauvaise image de marque qui favorise les rumeurs, les fausses réputations. Essayez de savoir si vous n'avez pas des comptes à rendre, souvenirs du passé encore non soldés. Bref, soyez moins absent ou moins exalté pour faire preuve de pondération, attitude qui vous fait actuellement défaut.

En troisième carte: indique que, dans les situations en cours, la nécessité de participer de manière plus collective, presque "universelle", est un avantage à prendre. Votre réputation ou votre justesse d'esprit et votre inspiration du moment vous amènent à renouveler vos contacts, votre sphère d'amitié. L'image que vous donnerez de vous-même doit être celle de la rigueur intelligente et sensible, l'équilibre et l'enthousiasme.

En quatrième carte: indique que, dans l'avenir, les événements se décanteront favorablement et rapidement. N'oubliez pas qu'il y a toujours un effet brutal des situations avec cette lame! Une mutation profonde et bien fondée de votre personnalité est à envisager. Vous serez animé d'un souffle nouveau qu'il vous faudra faire passer. Adoptez dès maintenant une règle de vie intellectuelle, morale ou spirituelle, dans des idées neuves et jeunes. Et si vous pensez que, dans certaines situations, le passé peut vous soutenir, alors, examinez votre passé.

En cinquième carte: déclare que pour vivre ou revivre, il faut savoir parfois faire l'effort de changer. Vous devrez devenir cet être renouvelé, car le monde lui-même sera nouveau. Quelquefois, le passé aide à mieux préparer l'avenir et tout n'est pas à rejeter. Elevez votre âme et guérissez-vous de ce qui vous hante ou vous gêne par une plus forte volonté et justesse d'esprit. Vous vous épanouirez et vous étonnerez les autres. Qui sait si d'autres ne suivront pas votre exemple!

LE MONDE

En première carte: ainsi sorti, dit que vous vivez dans le meilleur des mondes possibles. Tout va au-delà de vos espérances, l'atmosphère autour de vous est favorable. Le travail effectué dans le passé est enfin récompensé. Votre intégrité absolue vous vaut le respect et l'admiration. Vous faites preuve de bons sens et d'esprit de synthèse. Il se peut qu'une tierce personne ait influencé la période vécue avec triomphe, voire délice. Un voyage envisagé doit se faire, car il peut être vécu comme un achèvement ou un épanouissement. Quelles que soient les épreuves, vous vous êtes donné les moyens d'en sortir vainqueur.

En deuxième carte: ainsi sorti, dit que le climat autour de vous est hostile ou contraire. Suspicion, distraction, affolement provoquent un comportement distrait de votre part. Vous êtes l'objet d'une certaine déconsidération soit familiale, soit sociale, soit sentimentale. Vous êtes une proie facile pour le destin, avec ses revers de fortune et ses complications. Il se peut, plus simplement, que vous manquiez de concentration ou d'application. Les obstacles difficiles à franchir, ou le sentiment d'une épreuve lourde à porter sur vos épaules, font de vous quelqu'un de résigné ou méfiant.

En troisième carte: indique que dans l'avenir les situations en cours vont se transformer d'une manière inattendue et inespérée. En réalité, le succès vous tend les bras, et vous êtes capable de vous surpasser pour cela. Vous êtes animé par la volonté, l'envie de réussir ou de vaincre. Peut-être y a-t-il gloire, renommée pour vous! Une œuvre commencée ou envisagée sera achevée avec succès et sera l'objet d'une récompense (à considérer aussi la récompense dans un sens abstrait). Votre intégrité absolue forcera le respect d'autrui.

En quatrième carte: indique que, dans l'avenir, toutes les possibilités ou les solutions envisagées dans les situations en cours seront positives et couronnées de succès. La réussite totale convaincra les autres. Elle sera l'objet d'un travail assidu, intelligent et altruiste, tout en reposant sur des principes nobles, solides et harmonieux. Il se peut que vous interveniez d'une manière décisive dans un conflit et que la vérité éclate. Vous êtes sur la route de la gloire et de la renommée.

En cinquième carte: déclare que pour s'intégrer au monde, se réaliser parmi les hommes, il faut déjà apprendre à se réaliser soi-même en se connaissant mieux, avec objectivité et intégrité. La vie est un immense édifice que l'on construit rarement seul. Nous sommes les enfants du monde, et même si nous déplorons souvent son imperfection, nous devons sans cesse travailler pour lui, l'enrichir de nos erreurs et de nos victoires.

LE MAT

En première carte: ainsi sorti, dit que vous recherchez avant tout votre liberté. Votre état de recherche en ce domaine est si fort qu'il n'entame pas le reste. Pourtant, bien des surprises vous attendent et vous le savez: des amis, une idée géniale à mettre en pratique, des rencontres, le début d'une aventure (spirituelle, intellectuelle, amoureuse...). Mais, pour vous, tout doit se vivre dans l'absolu, dans l'infini et vous y parvenez. Vous savez aussi pratiquer le renoncement, l'innocence, la non-violence et vous savez (pouvez) résister aux forces contraires. Vous voyez les choses et les êtres plutôt de manière passionnée, naïve mais sympathique. Vous savez également vivre de façon improvisée ou simple.

En deuxième carte: ainsi sorti, dit que vous êtes très impulsif, peu maître de vous; vous perdez le sens des responsabilités. Vous ne vous méfiez pas assez de vos extravagances, de votre humeur versatile. Tôt ou tard, vous deviendrez dépressif, inconscient et l'on dira de vous que vous êtes atteint de folie douce. Des événements fâcheux, provoqués intentionnellement ou pas, risquent d'entraîner des conséquences inattendues désagréables et auront valeur d'avertissement ou de punition. Vous êtes incapable de contrôler une situation, les mots que vous prononcez et qui sont mal perçus par votre entourage. Cet abandon de vous-même est un terrain propice à votre anéantissement.

En troisième carte: indique que vous cherchez ou chercherez pour toute réponse à vos problèmes, l'absolu inconditionnel, l'imprévu ou l'irrationnel. Cela n'est pas toujours une mauvaise chose si votre intuition est votre arme du moment, mais à condition d'en assumer toutefois les conséquences. Ce déséquilibre momentané peut vous aider à reconstituer des éléments nouveaux pour continuer votre marche en avant. On ne peut envisager pour vous de réelles alternatives: soit vous vous intégrez, soit vous vous dissociez.

En quatrième carte: indique que dans les situations en cours ou futures, malgré les risques que comportent les improvisations dans vos idées ou vos décisions, une surprise heureuse est à attendre. En fait, vous finissez un cycle pour en commencer un suivant. L'inconnu peut favoriser des initiatives nouvelles. La perspective d'un voyage n'est pas à exclure. Vous avez résolu de poursuivre votre quête.

En cinquième carte: tout est achevé et tout est à refaire. Malgré l'enseignement du passé, votre expérience, les constructions que vous avez édifiées, et le risque qui consiste à poursuivre votre route sur des pensées incohérentes et des principes usés, vous devez vous préparer à concevoir votre recherche personnelle sur des bases nouvelles, neuves et évolutives.

Les combinaisons

Dans ce chapitre, nous proposons au lecteur un complément de réflexion, de méditation à la suite des éléments qu'il connaît déjà par le tirage "en croix", et révélés par notre méthode d'interprétation suggérée précédemment.
Il s'agit d'une série de "sentences" prononcées par la combinaison de deux Arcanes majeurs.

Cette méthode d'interprétation est le fruit non d'un raisonnement logique, en tout cas pas systématiquement, mais toujours dans l'esprit d'une relation causale qu'implique l'étude du Tarot, d'une recherche plus approfondie à laquelle va se livrer le lecteur consultant, lorsqu'il connaîtra les résultats à ses questions.
Cette méthode a un sens: le voici.

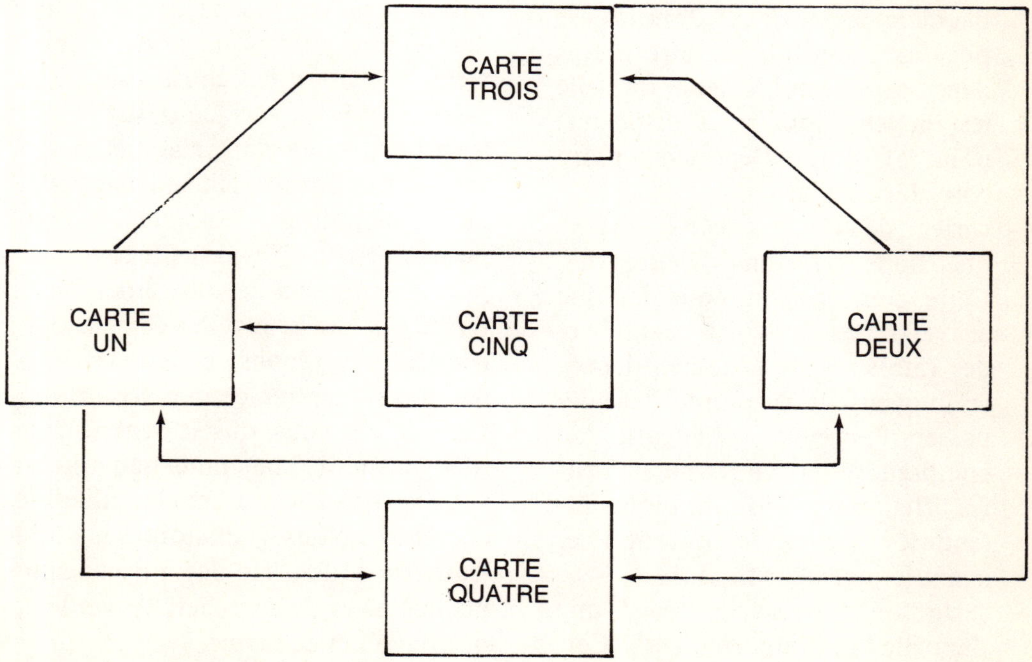

Dans son ouvrage, Oswald Wirth suggère de mettre en rapport la synthèse, c'est-à-dire la carte "cinq" avec la carte "un", qui représente le consultant, son attitude ou ses potentialités au moment de la consultation. Il nous est apparu, sinon évident, en tout cas vraisemblable, que les deux Arcanes renforcent leurs valeurs respectives dès lors qu'elles sont étudiées simultanément. C'est le sens des combinaisons qui suivent. Nous invitons donc le lecteur-consultant à suivre ce préliminaire. Une signification, ou une expression, a déjà été donnée à chacune des autres combinaisons qui se liront et s'étudieront ainsi:

— carte "cinq" vers carte "un": c'est la synthèse, la méditation à la fois première et ultime du tirage obtenu. Ce qui doit être retenu;
— carte "un" vers carte "deux" que nous appellons "les opposantes". En raison du caractère défavorable de la carte "deux" dont les explications sont au chapitre précédent, cette combinaison rappelle les moyens dont nous disposons pour affronter l'épreuve, notre force face à elle;
— carte "deux" vers carte "trois" que nous appelons "l'épreuve". Cette combinaison nous indique en vertu des pouvoirs négatifs et des faiblesses de la lame "deux", les moyens de surmonter, de dépasser l'épreuve subie afin de comprendre et vivre pleinement les effets positifs ou du moins attendus, face à la question et avant le jugement final;
— carte "un" vers carte "trois" que j'appelle "le comportement". Cette combinaison dévoile l'attitude mentale ou morale dont nous devons témoigner dans le but de modifier notre propre comportement par rapport à la situation en cours, c'est-à-dire la question posée;
— carte "un" vers carte "quatre", c'est la "résultante". Cette combinaison nous révélera notre attitude presque définitive face à la question posée;
— carte "trois" vers carte "quatre", c'est "l'action". Selon la lame en position "trois", en haut et au centre, cette combinaison nous permet de réfléchir sur les moyens à mettre en œuvre pour confirmer le jugement obtenu et vivre parfaitement, ou du moins le mieux possible, la situation telle qu'elle sera révélée.

Cela peut paraître compliqué. Il suffit de faire preuve de patience et d'observation. Les Arcanes majeurs dévoilent des secrets intimes de notre inconscient, et ce n'est pas chose aisée de les faire revenir en surface et surtout de les admettre; en clair, s'admettre soi-même. Les Tarots font souvent office de "médecin-psychologue". Vous pouvez et vous êtes, sans le savoir, le propre guérisseur de votre âme. Ecoutez ce que dit Bruno Bettelheim, psychiatre: "La réponse est en vous-même. Le savoir sur ce que vous devez faire, c'est vous qui le détenez, ce n'est pas moi. Mais nous pouvons, si vous le voulez, travailler ensemble à le chercher". Nous souhaitons que notre méthode vous offre des moyens supplémentaires de chercher, de vouloir, de pouvoir et de savoir.

La Papesse: action et vitalité mises au service de l'intuition. Compréhension de l'irrationnel. Intérêt pratique et mesuré.

L'Impératrice: besoin de création objective; nécessité de réflexion constructive issue de la concentration.

L'Empereur: esprit positif. Sécurité matérielle. Connaissance juste des hommes.

Le Pape: besoin de recherche intérieure en vue d'application pratique. Besoin momentané de mysticisme.

L'Amoureux: l'amour, la générosité, l'action animent le consultant. Mariage possible. Contrat de travail.

Le Chariot: des changements ou un voyage s'imposent et provoquent d'heureuses surprises. Succès à l'étranger.

La Justice: recherche de l'application de la justice et du droit. Esprit rapide, agile aux motifs nobles, généraux pour des résultats concrets.

L'Hermite: besoin d'identification. Période de mise au point en rapport avec son sentiment personnel de valeur.

La Roue de Fortune: changement de rythme de vie, changement de cap ou *statu quo* dans une situation donnée (voire l'ensemble du jeu).

La Force: période de vigueur, de revitalisation. Energie retrouvée par la maîtrise des instincts ou par l'expérience.

Le Pendu: sentimentalité excessive, envahissant l'action. Quelques projets sont à reconsidérer.

L'Arcane sans Nom: on doit revoir son attitude ou ses pensées devant un événement inattendu ou bouleversant. Rupture d'un état.

La Tempérance: l'orientation de l'action en cours trouve sa finalité ou son prolongement dans son intégration au collectif et se renouvelle.

Le Diable: la tentation de la manipulation, la recherche du pouvoir, voire du despotisme sont fortes.

La Maison-Dieu: écroulement d'un rêve ou d'une idée; fin dangereuse d'une idée ou d'un plan mal conçus.

L'Etoile: protection de l'au-delà dans l'action engagée; initiative favorable et confiante.

La Lune: la spontaneité et la jeunesse sont contrariées par une imagination du pire. Esprit actif mais secret.

Le Soleil: aboutissement assuré d'un projet, d'un écrit, d'une création artistique.

Le Jugement: rajeunissement des idées. Initiative familiale ou bien sociale pour un changement important et rapide des structures.

Le Monde: puissance de l'instinct vital. Route de l'évolution.

Le Mat: positivisme des idées, guidé soit par une réalité, soit par la volonté de l'esprit.

Le Bateleur: importance de l'irrationnel, de l'intuition dans une conception pratique. Compréhension de la valeur de la pensée sur l'acte.

L'Impératrice: signe de sérénité par la puissance intuitive. Accès à une vérité. Progrès personnel.

L'Empereur: la bonne connaissance des choses de ce monde aide l'intuition à influencer ou équilibrer les décisions.

Le Pape: vie spirituelle, métaphysique. Dogme.

L'Amoureux: constitution ou élaboration du sentiment des choses uniquement sur la suggestion.

Le Chariot: la réalisation ou l'initiative des projets ou des actions est placée sous haute moralité.

La Justice: aptitude à juger ce qui est. Psychisme développé qui sert l'intelligence, la conscience. Principe du "en son âme et conscience".

L'Hermite: recherche de la vérité par l'irrationnel. Très grande réceptivité des forces occultes placées sous les plus grands bénéfices du cœur.

La Roue de Fortune: avenir assuré. Bénéfice d'un travail profond.

La Force: ce qui s'est conçu dans le psychisme avec clairvoyance ou à propos se maîtrise dans la mise en pratique avec aisance.

Le Pendu: incertitude. Le plan psychique doit être révisé, car les liens affectifs sont trop forts, le sentiment de possession est trop vif.

L'Arcane sans Nom: le plan psychique ne suffit plus ou n'est plus la bonne solution. Inutile de gouverner par l'esprit.

La Tempérance: relations utiles. Enseignement de la vie par la philosophie ou l'association. Faculté d'intégration à un groupe.

Le Diable: la domination de la situation s'appuie sur une excellente approche intuitive, ou intellectuelle, préalable.

La Maison-Dieu: épreuve intellectuelle douloureuse. Risque de traversée du désert.

L'Etoile: idéal de beauté, sens esthétique vécu par l'esprit. Un certain don de clairvoyance.

La Lune: naissance d'une fille. Aptitudes à l'enfantement. Prémonition par le rêve, la mémoire, y compris la mémoire antérieure.

Le Soleil: charme. Les plans cachés, les plus profonds désirs se concrétisent.

Le Jugement: esprit prédicateur. Prédisposition à la médecine curative (homéopathie). Vocation religieuse.

Le Monde: intuition, extase, divination. La science divine ou la doctrine secrète s'intègrent absolument aux vérités du monde.

Le Mat: l'appréciation de ce qui est, de ce qui se fait, reste néanmoins relative, subjective.

Le Bateleur: la réflexion est ordonnée et froide. Les raisonnements clairs conçoivent les meilleures intentions.

La Papesse: rencontre de l'instinct et de l'instruction avec un talent de pédagogue. Lucidité parfaite.

L'Empereur: opposition de deux concepts, aussi solides l'un que l'autre, qui traduit donc une épreuve de force.

Le Pape: grande noblesse d'âme et de cœur. Synthèse, conservatisme.

L'Amoureux: dissonance entre le cœur et la raison. Hésitations.

Le Chariot: l'intelligence agit sur tous les plans et concourt à l'affirmation des principes ou des engagements.

La Justice: courage moral; droiture, intransigeance, peut-être excessives mais fondées. Mise en ordre. Dignité.

L'Hermite: combinaison puissante qui dévoile au consultant un secret révélateur pour l'avenir.

La Roue de Fortune: la raison pure retrouve un second souffle après contrôles ou confirmations.

La Force: affrontement de deux types de force mentale et physique qui rend l'existence désordonnée ou trouble. Dilemme.

Le Pendu: déception. L'attitude prise après une mûre réflexion s'avère douteuse. Les conditions ou les décisions sont devenues inopérantes.

L'Arcane sans Nom: la réflexion qui devait aider à la compréhension, qui était la condition d'une amélioration ou d'un changement est pure perte dans les faits. Il faut donc tout recommencer.

La Tempérance: retour à l'équilibre, la restructuration de l'être par une attitude plus lucide.

Le Diable: excès de rigueur qui conduit à la soumission.

La Maison-Dieu: l'intolérance sera la cause d'imprudence par la parole. Insoumission à la raison.

L'Etoile: intelligence développée. Entreprise intéressante, courageuse, si le jeu reste favorable.

La Lune: l'intelligence n'est pas entravée, mais ne s'exprime pas par défiance.

Le Soleil: morale pratique. Cohésion entre l'intention et le mouvement. Résultats performants.

Le Jugement: assimilation de ce qui est hors de soi. Génération et lucidité sur les idées.

Le Monde: le suprême objectif est atteint. L'idéal de la création par la conscience claire de ce qui existe amène l'harmonie et l'unité. Les mystères sont éclaircis.

Le Mat: la force, les ambitions, les moyens mis en œuvre ne donnent pas de résultats, car les circonstances ne s'y prêtent pas.

Le Bateleur: puissance et réalité du concret dont l'origine est une activité nouvelle.

La Papesse: le plan matériel est renforcé par la sûreté du jugement ou la maturation silencieuse, favorisant ainsi l'œuvre commencée.

L'Impératrice: recherche de l'équilibre aux plans physiques et mentaux. Attente logique et compréhensible.

Le Pape: la réalisation de l'entreprise passe par l'acte du vouloir. De l'approbation, faire naître la résolution.

L'Amoureux: la solidité des principes de base est relativisée par le manque de pondération des sentiments.

Le Chariot: recherche de l'autonomie. Tendance à ne vivre que dans la matière et à la sublimer.

La Justice: la conquête des biens ou des personnes ne peut s'obtenir que par la légalité ou la stabilité.

L'Hermite: préparation de l'avenir sur les plans matériel et spirituel. Nécessité d'une pensée constructive.

La Roue de Fortune: les opportunités ou bien la présence d'esprit aident à dynamiser l'énergie existante.

La Force: l'utilisation des forces par une maîtrise de soi, concourt à conforter la position actuelle.

Le Pendu: puissance physique ou autorité morale mise au service des autres. Centre qui émet la volonté.

L'Arcane sans Nom: il faut diriger l'action dans le temps. Rénovation du principe individuel. Echange qui provoque le mouvement.

La Tempérance: la transformation en vue de l'équilibre passe par la rigueur des plans prévus.

Le Diable: caractère inébranlable, volonté inflexible et, de ce fait, un pouvoir de destruction.

La Maison-Dieu: les pouvoirs matériels développent l'imprudence due à l'absence de l'écoute des avertissements du Très-Haut, et entraîne les chutes, les ruines.
Exploitation déraisonnable de l'esprit pour la matière.

L'Etoile: le charme et la jeunesse adoucissent les exigences de l'autorité. On pourrait (re)commencer son œuvre.

La Lune: projets flous. Entreprise hasardeuse.

Le Soleil: attachement à ce qui brille. Achèvement de la construction pour des bénéfices rapides.

Le Jugement: rétablissement de la santé et en particulier physique.

Le Monde: bénéfice tiré de la collectivité par l'enthousiasme, la rigueur ou le travail.

Le Mat: faible pouvoir sur soi. Aucun pouvoir sur les autres.

LE PAPE... ET

Le Bateleur: caractère équilibré, entreprenant, vivant dans la générosité et tenant compte des conseils avisés prodigués par autrui.

La Papesse: discrétion, sagesse. Grande évolution du plan spirituel. Celui qui tire cette combinaison, a les aptitudes d'un guide.

L'Impératrice: domination des événements par l'esprit. L'idéal s'impose.

L'Empereur: on fait fructifier ce que l'on possède sur tous les plans.

L'Amoureux: opposition entre l'autorité de la morale et celle de l'amour. Epreuve.

Le Chariot: la parole sage fait avancer en faisant également progresser la volonté. Tradition philosophique, historique.

La Justice: aspect de la justice divine.

L'Hermite: spiritualisation de l'être. Ame instinctive.

La Roue de Fortune: la découverte des solutions se fait par l'objectivité ou la richesse d'un enseignement.

La Force: pour être en état d'agir, il faut avoir été instruit ou avoir bien médité.

Le Pendu: nécessité d'un travail d'ordre mental, psychanalytique avec l'aide d'un enseignant, ce qui garantit l'évolution ou la guérison.

L'Arcane sans Nom: coup d'arrêt. Disparition d'une forme de conscience.

La Tempérance: on retrouve la parole perdue. Devoir de recherche personnelle en accord avec nos sentiments et notre raison. Vie psychique.

Le Diable: ennemi farouche. Opposition assez violente sur les concepts moraux et religieux à propos de la puissance.

La Maison-Dieu: mauvais usage de la parole ou manque de bon sens aux conséquences redoutables.

L'Etoile: le message est reçu. Réveil intellectuel.

La Lune: introversion. Manque de conviction. Doutes quant à la parole donnée.

Le Soleil: la compréhension se fait dans les esprits. Le moral est au plus haut.

Le Jugement: bénéfices inattendus et rapides issus d'un travail spirituel ou intellectuel. Nouvelle façon de vivre, résultant d'une conciliation entre la parole et l'acte.

Le Monde: aboutissement d'un engagement moral auprès d'autrui. Réintégration à un mouvement ou une pensée.

Le Mat: travail intellectuel inefficace, car trop utopique. Aucun résultat à attendre. Lenteur des décisions.

Le Bateleur: décision délicate à prendre, mais quelques chances de succès existent. Amour excessif. Attente probable dans la confiance et l'espoir.

La Papesse: l'affectivité est idéalisée. Les vœux auxquels on aspire sont secrets et l'attente silencieuse.

L'Impératrice: le concept d'amour ou le domaine sentimental n'atteignent que l'esprit.

L'Empereur: le domaine sentimental entrave probablement la construction de la pensée ou de la volonté.

Le Pape: la force des sentiments domine la sagesse. On devrait plutôt utiliser la réflexion avant de parler.

Le Chariot: l'élément sentimental devient le moteur de l'action. Une certaine difficulté à retenir ses passions. L'émotion manifeste les énergies créatrices.

La Justice: la beauté, la bonté, les élans du cœur n'empêchent pas le destin d'imposer sa volonté.

L'Hermite: l'isolement, le silence volontaire ou subi raffermissent les sentiments.

La Roue de Fortune: les sentiments doivent prendre une autre dimension, une autre direction, au risque de provoquer des blocages.

La Force: les sentiments soutiennent les forces physiques et morales engagées. Tentation à exalter ses passions.

Le Pendu: sacrifice des sentiments.

L'Arcane sans Nom: renouvellement de l'amour, soit une fin nécessaire, soit la renaissance d'un amour passé.

La Tempérance: le plan affectif est vécu harmonieusement.

Le Diable: les sentiments détériorent la puissance nécessaire pour agir, ou deviennent victimes des forces contraires. Illusion du bonheur.

La Maison-Dieu: changement inattendu sur le plan sentimental, voire effondrement de ce plan.

L'Etoile: l'amour est le maître de la situation en cours.

La Lune: lenteur ou confusion sur le plan des sentiments. Risque de chantage, dépression.

Le Soleil: mariage. Les sentiments s'accordent avec la raison. Accomplissement de la volonté amoureuse.

Le Jugement: selon le jeu et la présence ou non de lames fortes peut signifier une association, mariage, contrat, etc. ou, au contraire, divorce, rupture, discorde, etc.

Le Monde: l'idéal amoureux a évolué. Epreuve bénéfique. Mise au monde, extase.

Le Mat: la concrétisation des projets est impossible, car trop dépendante des élans affectifs.

Le Bateleur: initiatives ou rencontres à la suite d'un déplacement. Prise de position nécessitant rapidité et compétence.

La Papesse: la vision de l'avenir permet l'accomplissement des tâches les plus généreuses. Voyage astral.

L'Impératrice: un voyage, ou un projet, verra le succès auprès d'une femme. Projet soutenu par une femme.

L'Empereur: l'élément financier ou matériel accapare entièrement le sujet.

Le Pape: surprise(s) au cours d'un voyage.

L'Amoureux: malgré les bons engagements, le risque de rupture est toujours possible.

La Justice: difficultés dans un procès malgré des droits en sa faveur.

L'Hermite: un voyage en solitaire est recommandé. Quelques obstacles dans les affaires, si celles-ci n'intéressent pas l'étranger.

La Roue de Fortune: l'issue d'un voyage ou d'une action spontanée peut transformer l'avenir.

La Force: goût du commandement. Tempérament un peu rigoureux, voire un peu trop militaire.

Le Pendu: période d'indécision devant l'ampleur des actions ou des réalisations à supporter.

L'Arcane sans Nom: il faut peut-être renoncer à un voyage ou à une idée, du moins en transformer son intérêt.

La Tempérance: on acquiert de l'autorité, du succès, par le pragmatisme ou la négociation.

Le Diable: voyage ou entreprise plutôt déconseillés. On risque de se trouver piégé, piège dont on ne pourra pas sortir, ou dont les causes sont peu claires.

La Maison-Dieu: projet qui s'écroule, car tout n'a pas été considéré.

L'Etoile: ce qui est, ou ce qui sera, a une bonne chance d'aboutir, peut-être mieux qu'on ne l'espère.

La Lune: la création a besoin d'être revue. Besoin d'introspection.

Le Soleil: acquisitions heureuses. Les affaires prennent de l'extension.

Le Jugement: enrichissement rapide. Excellentes nouvelles d'une situation en cours.

Le Monde: récompense méritée d'un effort de longue haleine, due à une direction active et compétente.

Le Mat: voyages, acquisitions de biens, perspectives de carrière sont actuellement inconcevables.

Le Bateleur: esprit moderne et distingué, à la recherche de la justice et de l'équilibre dans tous les domaines. Droiture et finesse diplomatique.

La Papesse: la sagesse intuitive conduit à l'établissement de très bons rapports. Plan psycholgique développé.

L'Impératrice: l'esprit de justice rigoureux ne fait pas trop apparaître le sens humaniste des choses. L'esprit ne doute pas.

L'Empereur: procès gagné.

Le Pape: il y a toujours un revers à une médaille. Risques inattendus dus à des paroles inconséquentes.

L'Amoureux: excellente issue, ou excellentes nouvelles, en ce qui concerne le domaine sentimental.

Le Chariot: le cours de la justice avance, et clarifie les situations présentes et futures.

L'Hermite: le sentiment que l'on a d'une vérité ne semble pas partagé. On se bat contre des moulins à vent.

La Roue de Fortune: fatalisme.

La Force: la force et la justice se combattent. La lutte est farouche entre le droit et la volonté de vaincre par tous les moyens en sa possession. La force n'est pas nécessairement un droit.

Le Pendu: l'évolution de la justice subit l'évolution de la soumission au devoir. Les liens affectifs empêchent la sûreté du jugement. Contestation dans un procès.

L'Arcane sans Nom: aucun recours possible. La sentence est prononcée; on doit passer à une autre affaire.

La Tempérance: le code et le droit sont respectés. Ce qui est dit, ou fait, relève de la conscience la plus sereine ou la plus instinctive.

Le Diable: erreur. On exerce sur l'inconscient une action contestable ou bien l'on fait preuve d'intolérance.

La Maison-Dieu: il faut absolument reconnaître ses torts, faire son autocritique pour éviter faux-pas, désillusions et tourments.

L'Etoile: on peut envisager une issue favorable à un procès. La sensibilité régit la raison.

La Lune: fausses accusations. Erreur dans un jugement, ou droit non fondé. Dissimulation.

Le Soleil: on obtiendra réparation d'un préjudice.

Le Jugement: sentence et application immédiate de cette sentence (à comprendre également dans un sens général).

Le Monde: le triomphe du droit. Intervention déterminante. La légalité est le principe (la cause) de la réussite.

Le Mat: comportement inconscient, inconstant, nuisant à l'équilibre en général. Inadaptation à une discipline, une méthode de travail, manque de sociabilité.

Le Bateleur: le travail solitaire et persévérant a conduit à une réflexion logique, cohérente, et provoque les conditions d'un changement.

La Papesse: philosophie hermétiste. Intérêt pour la religion ou l'ésotérisme. Harmonie intérieure.

L'Impératrice: (lire le sens Impératrice-Hermite.)

L'Empereur: l'étude des conseils avisés confère à l'élaboration intelligente et pratique de tous les plans.

Le Pape: la lumière intérieure devient lumière extérieure. On a trouvé son guide spirituel ou l'on est soi-même un guide.

L'Amoureux: l'âme amoureuse est solitaire ou indécise.

Le Chariot: inspiration à concevoir différemment les choses. L'étranger est une possibilité de réussite.

La Justice: recherche idéale de la justice, celle qui n'est pas de ce monde.

La Roue de Fortune: début d'une vie solitaire qui aide la compréhension ou l'étude de ce qui est, ou bien de ce qui bloque et qui doit évoluer.

La Force: domination des passions morales ou physiques.

Le Pendu: refus de l'esprit, son existence et ses bienfaits.

L'Arcane sans Nom: fin d'une certaine forme de solitude ou d'un type de recherche dont on a été privé.

La Tempérance: la tension nerveuse ou une attente crispante ne permettent pas une réflexion profonde et sûre.

Le Diable: on prend des distances dans des relations. On se refuse l'action indispensable.

La Maison-Dieu: le travail intérieur indispensable n'a pas été fait dans des conditions correctes et les désillusions sont cruelles.

L'Etoile: clairvoyance. On ne trompe pas sur ce qui existe actuellement et sur ce qui se fera, ou sera.

La Lune: recherches psychologiques éclairées malgré les difficultés à dominer les influences environnantes.

Le Soleil: de l'énergie psychique naît le discernement et ainsi on trouve les solutions appropriées.

Le Jugement: révélation, religieuse ou spirituelle, brutale mais vitale.

Le Monde: la réalisation intérieure trouve sa raison d'être dans une compréhension mutuelle. Assimilation de la personnalité au bénéfice de la société.

Le Mat: incapacité à pouvoir discerner les meilleurs intérêts. Le refus des autres et l'écoute de soi-même ou, inversement, l'acceptation des autres et le refus de sa personnalité propre.

Le Bateleur: de grands changements s'opèrent sur la base d'une nouvelle aptitude ou d'une nouvelle philosophie.

La Papesse: la roue va tourner, mais il faut patienter. Parfois les choses favorables et cachées avancent sans nous.

L'Impératrice: on prend conscience de son évolution et, de ce fait, on sait perdre ses illusions.

L'Empereur: c'est la matière qui est stimulée.

Le Pape: la vie contemplative a des avantages, cependant elle ne fait pas agir et fait diminuer le courage.

L'Amoureux: une orientation sentimentale nouvelle, moins passive, est à envisager ou à redouter (si une lame forte n'intervient pas dans le jeu).

Le Chariot: gains aux jeux. Voyages (voir le reste du jeu).

La Justice: le destin marche à contre-courant. Mauvaise volonté.

L'Hermite: l'expérience solitaire momentanée facilite parfois les grandes interrogations qui sont en nous.

La Force: vulnérabilité malgré des dehors de combattant. On ne règle pas ses comptes par l'agressivité ou la colère.

Le Pendu: c'est le temps des métamorphoses. Il faut apprendre à tourner la roue. Risque de paralysie, ou d'incapacité intellectuelle ou mentale.

L'Arcane sans Nom: on peut connaître une période trouble, marquée par la sévérité ou le bouleversement de sa personnalité.

La Tempérance: bonnes vibrations. Le courant repasse entre les êtres. Réconciliation.

Le Diable: impasse. Deux directions ou deux projets s'opposent.

La Maison-Dieu: décision insensée. On ne s'est pas arrêté pour réfléchir.

L'Etoile: renaissance (sur tous les plans).

La Lune: rien n'aboutira si la mémoire ou l'imagination ne guident pas les projets. Maladies imaginaires.

Le Soleil: la roue tourne. Glorieuse marche en avant du mérite ou de l'effort engagé.

Le Jugement: renouveau auprès de vous. Il peut s'agir d'un retour sur le devant de la scène.

Le Monde: on s'accepte soi-même comme on accepte les autres, car, sans cela, il n'y aurait pas d'évolution.

Le Mat: projets, souhaits, voyages, changements ne reposent sur aucun intérêt pratique ou aucune morale concevable.

LA FORCE... ET

Le Bateleur: décision d'un nouveau départ qui régénère les instincts en les dominant sans passion.

La Papesse: une influence "invisible" mais protectrice donne le pouvoir d'affronter les adversités.

L'Impératrice: instincts froids. Intelligence froide mais respectable.

L'Empereur: la stabilisation des plans matériels confirme, en outre, les bonnes dispositions prises ou connues sur le plan psychologique ou mental.

Le Pape: prudence sur la sûreté de ses instincts ou de sa force (physique, mentale, intellectuelle, etc.). Recherche de l'équilibre.

L'Amoureux: les instincts amoureux sont mal maîtrisés, car ils donnent une fausse illusion de victoire.

Le Chariot: le succès est possible à condition d'être responsable de son engagement et de dominer ses impulsions.

La Justice: problèmes d'argent, de papier ou de contact. Il ne faut pas forcer le cours de la justice.

L'Hermite: une période d'isolement et d'intériorisation est nécessaire pour calmer les ardeurs.

La Roue de Fortune: cyclothymie. Période de névrose qui alterne l'illusion de la force, du progrès avec celle des blocages et de la passivité.

Le Pendu: vitalité et courage s'essoufflent. Les moyens ou la force au service des autres finissent par créer quelques blocages ou davantage d'exigences.

L'Arcane sans Nom: avec cette combinaison, on peut avoir des craintes quant aux solutions des problèmes. Quelles que soient les situations, on doit s'attendre à connaître des obstacles majeurs. Les décisions, actions, comportements se heurteront à des oppositions agressives, obsessionnelles, des brutalités, des violences verbales. On accorde à cette combinaison le facteur temps, essentiel, dans le règlement des situations.

La Tempérance: on retrouve ses impulsions ou ses désirs sous une forme plus sereine ou mieux intégrée.

Le Diable: la force devient un moyen dangereux ou une condition aliénante dans les entreprises en cours. La conquête du pouvoir ou la domination se font dans l'agressivité, la passion non contrôlée.

La Maison-Dieu: destruction totale de ce qui a été conçu. Ravage par les instincts incontrôlés; colère, folie.

L'Etoile: on reconstruit une force mentale. Pouvoir de l'esprit qui agit avec foi et joie.

La Lune: trahison de sa propre nature. Il n'y a pas désordre mais un peu de dépression ou d'angoisse.

Le Soleil: la force qui existe a aidé ou aidera à faire rayonner la raison, la lumière et à construire l'avenir.

Le Jugement: vie plutôt instinctive et immédiate. Si une lame forte apparaît dans le jeu, on saura si cela est positif ou non.

Le Monde: accord complet des sens et de la matière. La force est mise au service de la science humaine.

Le Mat: impossibilité de contrôler ou de dominer sa force et son intelligence. Tout se perd dans des réalisations douteuses ou obscures.

Le Bateleur: fin d'une période d'attentisme. L'épreuve du changement ou de l'angoisse vaincue aide l'avenir.

La Papesse: sens du mysticisme. Crise de religiosité qui peut donner la paix.

L'Impératrice: impossibilité de réfléchir. Le Pendu suggère le sommeil de l'esprit et l'Impératrice désire accéder à la logique, en surmontant le désordre de la conscience.

L'Empereur: la rigueur s'impose si l'on veut sortir d'une période passive ou morose.

Le Pape: on ne vit que de psychisme et d'intuitions vagues. On ne fait preuve d'aucun réalisme.

L'Amoureux: on choisit de privilégier l'élément affectif ou le désintéressement.

Le Chariot: bonne direction ou coordination des projets et des moyens mis en œuvre.

La Justice: échec. Déboires. Il faut attendre pour revenir à la réalité ou pour entendre la vérité.

L'Hermite: tentation d'une vie monastique.

La Roue de Fortune: fin d'une période agitée sans avoir pour autant enrichi le cœur ou l'esprit.

La Force: l'évolution d'une situation qui demande détermination, intelligence, maîtrise de soi est contrecarrée par divers excès, ou encore des risques de neutralité, de renoncement ou d'immobilisme.

L'Arcane sans Nom: séparation sentimentale. Toutes les énergies sont bloquées, refoulées, car on n'accepte pas les sacrifices ou les épreuves nécessaires.

La Tempérance: sacrifice inutile. Dévouement qui conduit à l'oubli de soi-même, à la philosophie pratique.

Le Diable: tension intérieure préjudiciable à la santé. On est partagé entre le détachement et la volonté de possession.

La Maison-Dieu: le corps est en danger; altérations; projets coûteux et inutiles.

L'Etoile: esthétisme, poésie. On peut beaucoup donner... et on recevra. Influence de l'au-delà.

La Lune: on attache de l'importance à la vie nocturne, aux rêves. On y trouve parfois des solutions.

Le Soleil: apport d'argent inespéré. On parviendra tout de même au bonheur.

Le Jugement: réelles inspirations et rajeunissement. Second souffle. Libération d'un poids trop lourd à porter.

Le Monde: approche intellectuelle et recherche spirituelle positives. Ecriture à caractère social.

Le Mat: les sacrifices n'ont donné aucun résultat. On fuit face au devoir; l'esprit est anéanti.

Le Bateleur: il faut accepter la "mort" symbolique de toute chose pour prendre un nouveau départ.

La Papesse: l'inspiration domine tous les sentiments. L'inconscient remonte des choses en surface. Richesse d'une œuvre accomplie.

L'Impératrice: il faut plus de conscience et en venir à plus de... science.

L'Empereur: renouvellement des plans de la matière ou besoin de plus de fermeté. Tri sévère mais efficace.

Le Pape: si on fait preuve de prudence ou de conservatisme, on doit changer radicalement.

L'Amoureux: bouleversements dans l'ordre des sentiments; on s'aperçoit que l'amitié devient amour ou inversement selon la situation vécue et en cours.

Le Chariot: changement dans les responsabilités. Un projet évolue.

La Justice: on reprend ses droits, ses prérogatives.

L'Hermite: la solitude devient un principe, peut-être un intérêt ou bien une obligation.

La Roue de Fortune: on en termine avec une partie ou un aspect de sa vie.

La Force: après des désordres, des pertes, des dépressions, on reprend peu à peu son courage et ses capacités.

Le Pendu: le temps s'inverse. "Mort" aux répercussions fâcheuses. Période de conflit intérieur, mais toutes les tentatives de transformation s'avéreraient actuellement négatives.

La Tempérance: communications nouvelles. Le comportement est plus souple, plus sociable.

Le Diable: renouvellement ou transformation des énergies (sexuelles) trop excessives.

La Maison-Dieu: rupture tragique mais salutaire.

L'Etoile: on regagne la confiance. On se sent mieux dans sa peau.

La Lune: les problèmes du passé ne sont pas encore résolus et tourmentent l'esprit. Cela peut tourner à l'obsession.

Le Soleil: le passé ne meurt jamais. Il revient toujours sous un éclairage nouveau, plus fructueux.

Le Jugement: la destinée du consultant est peut-être fonction de changements prépondérants dans son entourage, la famille, par exemple.

Le Monde: la métamorphose est réussie. La "mort" symbolique s'est accomplie selon les lois, un travail assidu et imaginatif, mais douloureux.

Le Mat: la personnalité est suffisamment choquée, altérée au point que la maladie, "la folie" trouve un terrain de prédilection.

Le Bateleur: accorder sa raison et ses sentiments avec les nécessités de la collectivité aide à mieux se déterminer soi-même.

La Papesse: vie à la campagne souhaitable. On peut avoir encore besoin des autres pour progresser, s'enrichir intellectuellement.

L'Impératrice: l'acceptation positive des choses et le principe de tempérance encouragent les projets bénéfiques, et maintiennent l'équilibre nerveux.

L'Empereur: l'acceptation positive des choses et le principe de tempérance participent à l'organisation des projets, et les affermissent.

Le Pape: échange. Fluide magnétique. Vie plus sensitive.

L'Amoureux: il faut être à l'écoute des vœux et des aspirations des autres (de l'autre).

Le Chariot: un projet, une démarche peut trouver le succès ou sa réalisation auprès d'un groupe social, familial, etc. Déplacement qui ouvre des horizons nouveaux permettant des réalisations pratiques.

La Justice: sociabilité. Le dialogue n'est pas rompu.

L'Hermite: l'harmonie intérieure vit pleinement le principe de la vie universelle.

La Roue de Fortune: changement possible d'humeur ou de caractère, peut-être sous la contrainte des circonstances.

La Force: facilité d'adaptation et domination des instincts, pour le triomphe de l'intelligence sur la passion égoïste. On se dompte mieux.

Le Pendu: il faut contrôler davantage ses émotions. Indication d'une hyperémotivité.

L'Arcane sans Nom: on se laisse guider par trop de sérénité alors qu'il est grand temps d'agir ou de réagir.

Le Diable: danger de santé au niveau nerveux. La plus petite contrariété est difficilement surmontable et l'on subit l'influence d'autrui.

La Maison-Dieu: la santé est attaquée. Le déséquilibre nerveux entraîne une vieillesse prématurée ou retarde la guérison. Malheureusement, on se laisse vaincre.

L'Etoile: aptitudes aux pressentiments qui donnent de l'avance sur les événements. On a foi en ce que l'on fait.

La Lune: être réceptif. Etat de gestation et maîtrise de la création. Mais nerveusement, on recommande la prudence. Attention à la fatigue, au stress.

Le Soleil: guérison. Excellente entente dans un couple. Des idées nouvelles et prometteuses germent dans l'esprit.

Le Jugement: on veut devenir un être différent et l'on sait trouver l'esprit de conciliation. On participe aux activités avec enthousiasme.

Le Monde: âme universelle. On comprend intuitivement.

Le Mat: malgré les efforts pour s'intégrer au collectif et se manifester parmi les autres, on n'obtient aucun résultat et tout espoir est vain.

Le Bateleur: il n'est pas possible de croire en un nouveau départ si les énergies sont mal canalisées et si les projets sont mal organisés.

La Papesse: action secrète, discrète, en vue d'une domination invisible mais puissante.

L'Impératrice: la conscience gagne en intelligence. Froideur mais pragmatisme.

L'Empereur: vitalité, force matérielle. Savoir allié à l'action. Des lames faibles dans le jeu indiquent de petits moyens.

Le Pape: fausse magie. Action occulte et négative. Influence sur autrui.

L'Amoureux: l'amour n'existe pas. Tentation de la pratique sexuelle dangeureuse ou pernicieuse.

Le Chariot: bonne combinaison de l'initiative et de l'ambition. On se donne les moyens d'agir et de réaliser.

La Justice: on risque de payer cher une faute. Emprisonnement possible (au sens propre ou abstrait).

L'Hermite: combinaison des chercheurs. Etude longue, prudente mais active.

La Roue de Fortune: on manque de moyens ou d'autonomie, ce qui entraîne une période neutre ou de blocage.

La Force: contradiction possible; les notions de force, de puissance, d'intelligence ne vont pas dans la même direction.

Le Pendu: le dévouement dont on fait preuve cache, en réalité, des buts ou des intérêts précis.

L'Arcane sans Nom: période douloureuse mais enrichissante pour l'avenir. Les énergies malgré tout s'amoindrissent.

La Tempérance: il est plus prudent de ne pas agir dans l'immédiat. Effort nerveux important, tension.

La Maison-Dieu: crise grave. La santé mentale et physique souffrent d'insuffisances. Danger réel.

L'Etoile: l'instinct (ou l'intelligence) est sûr et pousse à garder confiance.

La Lune: on est en dehors de toutes les réalités et l'on vit une période caractérisée par les contraintes.

Le Soleil: bonne santé. On retrouve le goût de vivre, la volonté de s'adapter aux circonstances. Un peu d'argent.

Le Jugement: difficultés sociales. Embûches à craindre. Hérédité délicate.

Le Monde: esprit en voie d'évolution, qui sait combiner à la fois l'instinct et l'envie de puissance pour commencer une vie riche et plus concrète.

Le Mat: catastrophe mentale. Irresponsabilité totale. Danger par l'entourage. Désordre sexuel.

Le Bateleur: on ne s'arrête pas sur un échec. La vie doit continuer.

La Papesse: fausse (clair)voyance. Intuition inexacte ou fragile.

L'Impératrice: inefficacité de tous ordres. Explosion ou perte de contrôle. Illusion par l'action.

L'Empereur: absence de volonté, fragilité malgré la persévérance ou l'envergure des actions.

Le Pape: il faut savoir entendre les avertissements et en tirer profit avec objectivité.

L'Amoureux: effondrement d'un plan ou d'une action dont les sentiments gouvernent la conduite.

Le Chariot: succès compromis. Arrêt nécessaire qui permet ainsi d'évaluer les forces en présence.

La Justice: conduite imprudente. Risques aux conséquences irréversibles. Mise en garde très nette. Malhonnêteté.

L'Hermite: esprit craintif ou découragé par l'ampleur de l'effort à fournir, ce qui rend pénible l'évolution pourtant indispensable.

La Roue de Fortune: c'est le destin qui détermine lui-même ce qu'il faut entreprendre. Impossibilité d'agir ou de comprendre ce qui se passe.

La Force: on expose inutilement ou dangereusement sa puissance au lieu de subir les événements, ou les contraires. Aucune humilité… et pourtant, il y a une chance de succès ou de guérison, ou une chance tout court.

Le Pendu: on s'éloigne difficilement d'une période d'inquiétudes ou d'impuissance face aux situations. Risque de dépression. Difficultés à soutenir un effort ou une pensée.

L'Arcane sans Nom: avertissement sévère. Sur la base d'un échec grave ou d'une situation inquiétante, la leçon doit être comprise.

La Tempérance: on reprend des forces ou conscience.

Le Diable: problème de conscience grave. L'esprit arrive à saturation. Le corps ne supporte rien.

L'Etoile: on se tire d'un mauvais pas. On doit croire en sa bonne étoile.

La Lune: aucune prise sur la réalité. On vit sur une autre planète, ou bien de catastrophisme permanent. Si une lame forte apparaît, on prend conscience de ses erreurs.

Le Soleil: une grande et bénéfique métamorphose s'opère.

Le Jugement: on aura des comptes à rendre, rapidement et chèrement.

Le Monde: on se libère d'un blocage considérable. Les verrous de la prison mentale s'ouvrent. Un cycle s'achève.

Le Mat: dérèglement et méchanceté. On pourrait entrer dans un asile (également sens abstrait).

Le Bateleur: tout va bien dans la vie, car la confiance dans une activité saine et altruiste, renouvelée, fait profit. Combinaison des écrivains.

La Papesse: très puissante protection astrale. Don de voyance. Fécondation des forces cachées.

L'Impératrice: la richesse intellectuelle et tous les projets bénéfiques font un heureux destin.

L'Empereur: génération des forces concrètes à travers lesquelles se reflète un idéal de beauté.

Le Pape: intense travail ésotérique ou philosophique, régénérateur ou transformateur.

L'Amoureux: succès total en amour. Le plan sentimental est comblé.

Le Chariot: tous les doutes sont balayés. Triomphe noble.

La Justice: promesse de victoire lors d'un procès. Action en justice, légale.

L'Hermite: maturation d'un projet à long terme. Le temps le fera triompher.

La Roue de Fortune: espoir perdu ou retardé. Si une lame physique se trouve dans le jeu, l'espoir peut revenir.

La Force: confiance mesurée, car vulnérabilité latente. Si une lame forte intervient, confiance excessive.

Le Pendu: grand dévouement spirituel .

L'Arcane sans Nom: la confiance n'est pas le point fort. Il faut envisager un autre comportement pour affronter les événements.

La Tempérance: petite joie. Esprit clair. Besoin d'expression artistique.

Le Diable: situation de piège. Naïveté. Rapport de forces défavorable pour le consultant.

La Maison-Dieu: comportement cyclothymique. Tous les efforts, espoirs, toutes les décisions, s'effondrent de manière inattendue ou éprouvante.

La Lune: excellente combinaison qui montre le talent artistique ou inventif du consultant. Si cela n'est pas encore arrivé, cela ne devrait tarder. L'imagination domine de toutes les façons dans cette combinaison.

Le Soleil: relations (familiales) ou vie associative agréables.

Le Jugement: on sera jugé sur ses actes et l'on sera recompensé.

Le Monde: cette combinaison parle toujours d'une exceptionnelle réussite... et qui sait de renommée mondiale.

Le Mat: absence de conviction. Rêverie. Non-production.

LA LUNE... ET

Le Bateleur: par tradition, cette combinaison accorde une présence ou un pouvoir féminin important. Début d'une période d'introspection.

La Papesse: danger par la rêverie. Trouble mental. Richesse brutale de l'inconscient qui peut déstabiliser.

L'Impératrice: relation difficile notamment avec un personnage féminin.

L'Empereur: le temps de la gestation s'achève, et celui de la production commence.

Le Pape: peur de l'engagement. Domination du mental sur tous les autres plans.

L'Amoureux: grands risques sur une promesse sentimentale ou amoureuse. Accouchement difficile.

Le Chariot: rapports amicaux incertains. Hésitation dans une association.

La Justice: déception. Procès perdu. Contrat perdu. Malhonnêteté, problèmes sociaux, scandales.

L'Hermite: le mental ou le spirituel sont favorisés par la volonté, mais aussi par la réflexion juste, logique. Néanmoins, l'isolement est toujours souhaitable.

La Roue de Fortune: amertune, chagrin. Si une lame forte n'apparaît pas, on peut vivre une période de blocage, des heures sombres qui laissent sans réaction.

La Force: déprime. Période de vague à l'âme. Les forces et les énergies sont annihilées. Chute de tension du point de vue médical.

Le Pendu: sentiment de résignation. Croire que l'on peut se réfugier dans un cocon est une erreur.

L'Arcane sans Nom: les choses enfouies dans l'inconscient remontent à la surface.

La Tempérance: nouvelle inespérée.

Le Diable: craintes, compromission. Mais, surtout, les scrupules agitent le consultant.

La Maison-Dieu: on n'écoute rien ni personne. On vivra une situation critique ou affligeante.

L'Etoile: (voir la combinaison inverse, Etoile-Lune.)

Le Soleil: besoin de s'exprimer au-delà de ses limites. Combinaison enrichissante de la réflexion et de la formation d'un projet.

Le Jugement: la mémoire permet l'accession à la vérité et au renouvellement. Des solutions doivent aboutir.

Le Monde: respect des traditions ancestrales. Atavisme. Sens du chemin de l'humanité dont nous sommes un maillon.

Le Mat: vélléités. Fantasmes. Il est inutile de réfléchir.

Le Bateleur: victoire, mérite personnel important. Avec une lame faible, égocentrisme.

La Papesse: l'attente et la réflexion amènent à une nouvelle philosophie fondée sur l'amour des autres.

L'Impératrice: assimilation. Mariage de l'esprit avec la matière. Rencontre féminine importante.

L'Empereur: amitié partagée ou amour partagé. Si une lame forte intervient, richesse provenant d'un homme.

Le Pape: enseignement ou travaux sur la matière, issus d'un savoir objectif et sage.

L'Amoureux: mariage et plénitude de sentiments. Joie et bonheur sont exaltés.

Le Chariot: autorité et persuasion dans les actes.

La Justice: patrimoine enrichi.

L'Hermite: la possession de la matière ou de la philosophie ne suffit pas. Il faut la rendre aux autres par un enseignement profond et patient.

La Roue de Fortune: renouvellement de la raison. Voyage à l'étranger ou hors de ses bases. Réussite due à des occasions saisies avec à-propos.

La Force: rayonnement de la pensée-volonté. Cependant, ce rayonnement contribue au développement d'une attitude brutale ou passionnée, qui est dommageable.

Le Pendu: les succès attendus peuvent être retardés.

L'Arcane sans Nom: décomposition de la matière ou de la raison. En tout cas, il faut savoir renouveler ce qui a été et vivre les moments de fragilité existants. Perte d'argent.

La Tempérance: bonheur durable à condition de partager ce qui doit l'être et de participer aux aspirations universelles.

Le Diable: la passion n'est peut-être pas bonne conseillère. Gros gains. Augmentation du patrimoine par des biens immobiliers.

La Maison-Dieu: vanité. Ici les Arcanes du Soleil et de la Maison-Dieu renforcent leurs aspects négatifs. Excès de suffisance, orgueil, mépris des autres. On peut également cacher une grande peine ou une grande misère, alors que l'on essaie de se montrer sous son meilleur jour. La simplicité reste encore plus efficace.

L'Etoile: une des meilleures combinaisons possibles qui rejoint les attributs de l'As de coupe (Arcane mineur). Indication d'une générosité de cœur qui irradie les autres. Equilibre affectif important et puissant. La volonté n'est plus troublée. Harmonie, osmose entre deux personnes. On a confiance en son étoile.

La Lune: les désirs et les intentions généreuses ou créatrices subissent les embûches, les pièges ou le trouble, car le consultant vit encore dans un passé révolu. Deux époques s'affrontent.

Le Jugement: excellente réputation. Œuvre accomplie et reconnaissance des autres. On peut même laisser quelque chose à la postérité.

Le Monde: (lire aussi la combinaison inverse). Honneurs, prestige. Chef-d'œuvre. Souvenir par l'histoire.

Le Mat: esprit possédant une grande capacité. Le courage ne lui manque pas, mais c'est plus par vanité qu'il agit.

Le Bateleur: une nouvelle inattendue ou un événement inopiné fera accélérer l'initiative en cours.

La Papesse: la résurrection du passé par la foi et la sûreté du jugement aident la réalisation des choses secrètes.

L'Impératrice: l'action est rapide, car la réflexion claire, saine, source de pensée et de vie, a été rapide et bien engagée.

L'Empereur: découverte d'un "principe animateur" qui prolonge la construction en cours. On est en position de force.

Le Pape: élévation de l'âme par l'autorité morale qui se dit aussi bienveillance et indulgence. Même si la conscience est bouleversée, les progrès sont rapides.

L'Amoureux: (lire Amoureux-Jugement).

Le Chariot: chance matérielle issue de l'efficacité ou de la rénovation intellectuelle d'une action ou la réalisation d'une œuvre.

La Justice: quelle que soit l'issue du procès ou de l'affaire en cours, il faut (on peut) interpréter cette combinaison par "conséquences inéluctables d'une action." "Condamnation sans appel".

L'Hermite: il y a des limites à la rectitude ou au silence.

La Roue de Fortune: changement, mutation. Evolution possible à condition de prendre sa vie en charge.

La Force: introduction d'un concept nouveau dans la vie du consultant. La force s'associe à un mouvement. L'acte est incessant.

Le Pendu: maladresse. Il est difficile d'admettre la rénovation lorsqu'on en dissimule l'exigence. Esprit intelligent mais dispersé.

L'Arcane sans Nom: on s'intègre à un mouvement ou à une mutation de grande ampleur. Fin d'un mode de pensée ou d'habitudes.

La Tempérance: chance rapide de réussite en travaillant avec les autres ou pour eux. Changement de situation sociale. Une bonne nouvelle.

Le Diable: moment ou période favorable pour l'inspiration, la réalisation. Guérison en bonne voie. Sexualité retrouvée.

La Maison-Dieu: l'imprudence entraîne l'accident. Quelques inconstances malgré le désir de bien faire. Discorde passagère.

L'Etoile: accomplissement de sa destinée.

La Lune: vie familiale troublée. Naissance attendue. Bonne mémoire qui aide les actes ou les pensées. Etat physique fébrile quoiqu'encore solide.

Le Soleil: on atteint la gloire. Longue vie.

Le Monde: on ne parvient à la connaissance et à la vérité qu'avec l'expérience ou la connaissance des autres. On se libère de ses carcans.

Le Mat: trahison de la mémoire. Médiocrité de l'activité.

Le Bateleur: nouvelle étape. Libre arbitre. Le monde achève un cycle, et le Bateleur en commence un autre. Il n'y a ni exigence ni contrainte. Idées raisonnables et possibilités multiples.

La Papesse: conscience et loi morale élevées dans un but humanitaire. Gouvernement "occulte", mais dans un but positif et un esprit loyal.

L'Impératrice: on retient le savoir et on l'enrichit pour soi par la richesse des autres.

L'Empereur: concrétisation et exécution des projets à grande échelle. C'est aussi la marque d'une volonté inflexible.

Le Pape: grands courants de pensées au service de la communauté. Combinaison des serviteurs de l'humanité comme les médecins, les religieux, etc.

L'Amoureux: fidélité en amour, amitié dans le travail.

Le Chariot: on s'engage pour les autres.

La Justice: on est face à soi et face aux autres par la force des choses. On sera jugé. Epreuve du jugement. Bouleversement pour un peuple, une nation, un groupe.

L'Hermite: on ne réussit pas son intégration au monde. L'intelligence ou une forte personnalité ne sont pas des critères suffisants.

La Roue de Fortune: le monde donne parfois de bons exemples. On peut s'en inspirer et entrer, comme lui, dans la ronde de la vie. Si l'on hésite, on va peut-être à contre-courant.

La Force: le projet en cours est tenace

et reçoit un soutien puissant et favorable. On va se surpasser.

Le Pendu: on sait s'oublier pour épouser, parfois, la cause des autres.

L'Arcane sans Nom: héritage du passé. Témoignage. Atavisme fortement perçu par le consultant et qui aidera à sa mutation.

La Tempérance: communion ou communication d'une vérité ou d'un intérêt accru. Les autres représentent quelque chose pour soi.

Le Diable: diverses circonstances défavorables, venues du monde extérieur, pourraient aliéner la liberté, la personnalité. Ici, c'est le Diable qui domine le Monde. Si une autre lame forte n'apparaît pas, déséquilibre.

La Maison-Dieu: la paix sera de courte durée. Le feu du ciel descendra sur la terre. On entraîne les autres avec soi vers la chute.

L'Etoile: évolution marquante de la personnalité dans la vie du consultant. Cette évolution est due à une intervention ou des circonstances exceptionnelles qui ne reviennent jamais une deuxième fois.

La Lune: on est victime des apparences ou des illusions. Peut-être, a-t-on tort de voir le monde tel qu'il n'est pas. Conduite envers les autres douteuse, malhabile.

Le Soleil: (lire la combinaison inverse, Soleil-Monde)

Le Jugement: éclat et célébrité. Etre accompli dans la vertu et la probité.

Le Mat: fausses intentions envers les autres. Départ vers l'absolu. Caractère trop impulsif.

Le Bateleur: l'esprit aspire à plus de liberté... et l'obtient.

La Papesse: certaines vérités sont dissimulées.

L'Impératrice: conscience insuffisante qui perturbe la lucidité, la façon dont on devrait aborder les problèmes.

L'Empereur: des erreurs sont commises par excès de rigueur. On subit oppositions et critiques.

Le Pape: on est victime de ses propres contradictions.

L'Amoureux: fuite devant les épreuves. L'amour n'est pas au rendez-vous.

Le Chariot: mauvaise direction dans les affaires. Liberté d'action limitée.

La Justice: problèmes avec la loi, les papiers. Manque de logique et de discipline.

L'Hermite: aucune aide à attendre.

La Roue de Fortune: des négligences, ou le seul fait de se fier au hasard, rendent l'avenir encore plus incertain.

La Force: volonté contrariée. Colère soudaine et violente. Passions dangereuses.

Le Pendu: tristesse ou impasse. Sur le plan personnel, on ne parvient pas à agir ou à se décider.

L'Arcane sans Nom: risque d'accident. Douleurs. Deuil. L'individu peut souffrir d'une mutation.

La Tempérance: un peu de laisser-aller. Le caractère est accomodant quoique versatile.

Le Diable: l'intérêt ne se situe que dans le plan matériel, mais les entreprises demeurent périlleuses et des pertes d'argent s'ensuivent.

La Maison-Dieu: graves sanctions dans tous les domaines. On ne distingue plus ses rêves de la réalité. Anéantissement de l'esprit. Grands soucis de santé (physique).

L'Etoile: malgré quelques encouragements, les doutes ne sont pas levés. On court après sa bonne étoile, mais en vain.

La Lune: période de redoutables faiblesses. On n'oppose aucune résistance. L'imagination s'égare.

Le Soleil: on réussira à triompher de l'adversité en utilisant des armes encore inconnues à ce jour.

Le Jugement: quelle que soit la situation, une conclusion s'impose. Seule, une forte capacité de réflexion et d'enthousiasme peuvent nous ouvrir la voie du renouveau.

Le Monde: perte de prestige. Entourage hostile. Quelques appuis possibles, peut-être dans la famille.

BIBLIOGRAPHIE

Delcamp Edmond - *Le Tarot initiatique, symbolique et ésotérique*, Le Courrier du Livre.

Dicta Françoise, *Tarot de Marseille*, Mercure de France.

Girié Jacques et Miribel Amédée (de) - *Le Tarot sacré*, Editions Jacques Lafitte.

Horn Pierre - *Cours pratique de Tarot*, livres 1 et 2, Chiron Diffusion.

Leconte Marianne - *Découvrez vous-même votre avenir par les Tarots de Marseille*, Editions Jean-Claude Lattès/Trévise.

Méditations sur les 22 Arcanes majeurs du Tarot, (Anonyme), Editions Aubier.

Papus - *Le Tarot divinatoire*, Editions Dangles.

Wirth Oswald - *Le Tarot des imagiers du Moyen Age*, Editions Sand et Tchou.

Table des matières

Préface	page	9
Historique	»	11
Symbolisme	»	15
Méditations sur les Arcanes et leurs rapports symboliques	»	17
Philosophie des Tarots	»	19
Rapports de l'astrologie et du Tarot	»	21
L'ordre dans les Arcanes	»	23
La divination	»	25
Les Arcanes majeurs	»	27
Le Bateleur	»	28
La Papesse	»	29
L'Impératrice	»	30
L'Empereur	»	31
Le Pape	»	32
L'Amoureux	»	33
Le Chariot	»	34
La Justice	»	35
L'Hermite	»	36
La Roue de Fortune	»	37
La Force	»	39
Le Pendu	»	41
L'Arcane sans nom	»	43
La Tempérance	»	45
Le Diable	»	47
La Maison-Dieu	»	49
L'Etoile	»	50
La Lune	»	52
Le Soleil	»	54

Le Jugement .... page 56
Le Monde .... » 58
Le Mat .... » 60

Le tirage .... » 63
Le Bateleur .... » 64
La Papesse .... » 65
L'Impératrice .... » 66
L'Empereur .... » 67
Le Pape .... » 68
L'Amoureux .... » 69
Le Chariot .... » 70
La Justice .... » 70
L'Hermite .... » 71
La Roue de Fortune .... » 72
La Force .... » 73
Le Pendu .... » 74
L'Arcane sans Nom .... » 75
La Tempérance .... » 76
Le Diable .... » 77
La Maison-Dieu .... » 77
L'Etoile .... » 78
La Lune .... » 79
Le Soleil .... » 80
Le Jugement .... » 81
Le Monde .... » 82
Le Mat .... » 83

Le combinaisons .... » 85
Le Bateleur... et .... » 87
La Papesse... et .... » 89
L'Impératrice... et .... » 91
L'Empereur... et .... » 93
Le Pape... et .... » 95
L'Amoureux... et .... » 97
Le Chariot... et .... » 99
La Justice... et .... » 101
L'Hermite... et .... » 103
La Roue de Fortune... et .... » 105
La Force... et .... » 107
Le Pendu... et .... » 109

L'Arcane sans Nom... et .... » 111

La Tempérance... et .... page 113
Le Diable... et .... » 115
La Maison-Dieu... et .... » 117
L'Etoile... et .... » 119
La Lune... et .... » 121
Le Soleil... et .... » 123
Le Jugement... et .... » 125
Le Monde... et .... » 127
Le Mat... et .... » 129

Bibliographie .... » 131

Achevé d'imprimer
en juillet 1989
à Milan, Italie, sur les presses
de Grafiche Milani
Dépôt légal: juillet 1989
Numéro d'éditeur: 2162